Erich Vorrath

Im Herzen Wiens

In the Heart of Vienna

Carl Gerold's Sohn Verlagsbuchhandlung

Erich Vorrath is a true child of Vienna, born in the 15th district. When he first saw the light of day in 1940, there was of course nothing left of the proverbial conviviality of this city. The rumble of guns and the explosions of bombs accompanied the days of his early childhood. At primary school, what he first wanted to become was, naturally enough, a locomotive driver.

After completing grammar school, the young man toyed with the idea of studying physics, but then decided in favour of journalism. However, after a holiday job at the newspaper 'Kleines Volksblatt' he received an offer to join the editorial staff, which meant leaving university. For seven years, Erich Vorrath learnt the newspaper trade in the chronicle department. After two short guest appearances at the 'Neue Zeitung' and 'Express', both of which no longer exist, the enthusiastic journalist ended up at the 'Kronenzeitung', to which he has remained faithful to this day.

Even during his time at grammar school, Vorrath was fascinated by history, which was also his favourite subject. He showed particular interest in the multi-faceted Viennese culture, from the music of artists like Mozart and Johann Strauss to the typical Viennese architecture and people, to legendary figures like the 'Lieber Augustin' or 'Calafatti' at the Vienna Prater, and theatre greats like Alexander Girardi or Helmut Qualtinger. Now the author has dedicated himself to the wide field of the Viennese soul, which takes centre stage in this book.

***Erich Vorrath** ist ein echtes Wienerkind aus dem 15. Bezirk. Als er im Jahre 1940 das Licht der Welt erblickte, war freilich von der sprichwörtlichen Gemütlichkeit dieser Stadt nichts zu spüren. Kanonendonner und Bombeneinschläge sorgten für die Begleitmusik der Kindertage. Der erste Berufswunsch in der Volksschule: natürlich Lokomotivführer.*

Nach der Matura schielte der junge Mann dann zwar nach dem Studium der Physik, entschloss sich aber zur Publizistik. Ein Ferialpraktikum beim damaligen „Kleinen Volksblatt" bedeutete den Abschied von der Universität, denn das Angebot, als Redakteur zu bleiben, war zu verlockend. Sieben Jahre lang lernte Erich Vorrath in der Chronik-Abteilung das Zeitungshandwerk. Nach zwei kurzen Gastspielen bei der „Neuen Zeitung" und dem „Express", die es beide längst nicht mehr gibt, landete der begeisterte Journalist bei der „Kronenzeitung", der er bis heute treu geblieben ist.

Schon während der Zeit im Gymnasium beschäftigte Vorrath sich gerne mit Geschichte, die auch sein Lieblingsfach wurde. Im Speziellen interessierte ihn das Wienertum in allen seinen Facetten: die Musik eines Wolfgang Amadeus Mozart und Johann Strauß, die Architektur und die typischen Wiener Menschen, vom Lieben Augustin über den Calafatti im Prater bis zu den markanten Theaterleuten von Alexander Girardi bis Helmut Qualtinger. Zuletzt hat der Autor das weite Land der Wiener Seele erkundet – und es in den Mittelpunkt dieses Buches gestellt.

Erich Vorrath

Im Herzen Wiens

In the Heart of Vienna

Carl Gerold's Sohn Verlagsbuchhandlung

Impressum/Imprint

Autor/Author: Erich Vorrath

Coverfoto/Cover image: ÖNB/Bildarchiv

Bildnachweis/Picture credits: ÖNB/Bildarchiv: S. 41 u.l., S. 41 u.M., S. 41 u.r., S. 42, S. 49 o.l., S. 49 o.r., S. 61, S. 63 o., S. 67, S. 96, S. 99 u., S. 102; Manfred Cobyn: S. 10, S. 18, S. 28, S. 38, S. 46, S. 58, S. 72, S. 78, S. 90, S. 108, S. 120; Paulus Manker: S. 13 u., S. 25; APA/Picturedesk: S. 13 o., S. 14, S. 20, S. 31 o.l., S. 31 o.r., S. 55, S. 105, S. 112: Filmarchiv Austria/Filmladen: S. 31 u.; Wien Tourismus/ Gerhard Weinkirn: S. 22; ORF: S. 50 o.l., S. 50 o.r., S. 50 M.l.; ORF/Contessina Bauer: S. 50 u.l., S. 50 u.r.; Dor Film/Petro Dominegg: S. 49 u.r.; Will Appelt: S. 49 u.l.; Interface/Birgit Leiminer: S. 123; Gerhard Pauser: S. 75 u.; Ferdinand Schmutzer: S. 41 o.r.; Horst Chmela: S. 53 u.; Cornelia Ehmayer: S. 32; Star*Film: S. 50 M.r.; Stephan Doleschal: S. 63 u.; Timesozial: S. 83, S. 84; Adelheid Hartmann: S. 115; Bohmann Verlag/Ian Ehm: S. 111; Klara Keresztes: S. 81; Kuratorium Wiener Pensionistenwohnhäuser: S. 87; shutterstock.com: S. 35, S. 75 o., S. 93; Josef Steindl: S. 99 o.; Catherine Reichel: S. 41 o.l.; Gerhard Fally: S. 53 o.

Übersetzung und Lektorat/Translated and edited by: scriptophil. die textagentur
Layout: Klara Keresztes, 1080 Wien; Druck/Printed by: Druckerei Ueberreuter, 2100 Korneuburg
ISBN 978-3-9502631-5-2.

INHALT CONTENTS

Vorwort

Die Wiener Seele mit ihrer typischen Ambivalenz ist ein weites Land, das zu entdecken sich lohnt. Untrennbar verbunden mit der Wiener Seele ist das legendäre Goldene Wienerherz – schließlich sieht man seit uralten Zeiten das Herz als Sitz der Seele an. In diesem Buch begeben wir uns auf die Spuren beider Phänomene, erkennen, wie sie zusammenwirken, gemeinsam den Charakter des Wieners beeinflussen … oder den Bewohner der Donaumetropole überhaupt erst zu jenem unverwechselbaren Wesen machen, als das er weit über die Grenzen unseres Landes hinaus bekannt ist. Die einzelnen Kapitel beleuchten die Thematik von verschiedenen Seiten, der innere Zusammenhang mag vielleicht nicht auf den ersten Blick erkennbar sein. Letzten Endes wird aus den einzelnen Teilen aber doch ein Mosaik, dessen Fugen ineinandergreifen. Ob wir Prominente zum Goldenen Wienerherz befragen, ob wir uns mit Stefan Zweigs Ansichten über Wien beschäftigen oder den „Hofa" von Wolfgang Ambros als Anklage gegen Vorurteile identifizieren, ob wir erfahren, welch vielfältige Aktivitäten die Wiener setzen, um Migranten zu integrieren, oder zeigen, wie Flüchtlinge mit offenen Armen empfangen wurden – das alles sind Facetten, die trotz ihrer Verschiedenheit doch auf einen gemeinsamen Nenner zu bringen sind: So ist die Wiener Seele, so schlägt das Wienerherz.

Foreword

The Viennese soul with its characteristic ambivalence is a vast domain that is worth exploring. Inseparably bound up with the Viennese soul is the legendary Viennese heart of gold – the heart has after all been regarded the seat of the soul since the dawn of time. This book goes on the trail of both phenomena, discovering how they interact and jointly influence the nature of the Viennese … and make residents of the city into the unmistakable characters in the first place such as are known far beyond the frontiers of Austria. The individual chapters explore the subject from various angles, though the internal connection between them may perhaps not be obvious at first glance. In the end, however, individual sections come together to form a mosaic whose parts slot together. Whether we are seeking the views of distinguished people on the Viennese heart of gold, reviewing Stefan Zweig's opinion of Vienna or identifying Wolfgang Ambros's "Hofa" as an indictment of prejudice, or looking at the manifold activities the Viennese undertake to integrate immigrants, or showing how refugees were welcomed with open arms – these are all facets that, despite their disparity, can be reduced to a common denominator: that's what the Viennese soul is like, that's the way the Viennese heart beats.

Das Goldene Wienerherz

The Viennese Heart of Gold

Das Goldene Wienerherz

Wie lässt sich ein Begriff definieren, der längst weit über die Grenzen unseres Landes hinaus zu einem Gütesiegel der wienerischen Gemütlichkeit geworden … und doch so wenig greifbar ist, so viele – auch düstere – Facetten offenbart? Eine Spurensuche nach dem Goldenen Wienerherz in Alltag und Dichtung.

Es muss wohl so sein, dass das legendäre Goldene Wienerherz schon seit Jahrhunderten schlägt. Schließlich wurde es bereits in den Wienerliedern längst vergangener Tage besungen, hat so manchen Dichter zu tiefsinnigen oder humorvollen Texten inspiriert. Und auch die Ältesten können sich erinnern, als Kinder davon gehört zu haben …

Fragt man aber diesen oder jenen, was das Goldene Wienerherz eigentlich sei, zeigen sich die Menschen um eine Antwort verlegen. Einen Begriff zu definieren, der längst Teil des Lebens ist und für kaum jemanden Gegenstand tiefsinnigen Hinterfragens, erfordert schließlich einige Mühe. So vernehmen wir aus dem Mund der Angesprochenen Vages von der Gemütlichkeit, der guten, alten Zeit, vom „guten Kerl", der ein echter Wiener ganz bestimmt sei, oder anderes, das den Kern der Sache genauso wenig trifft. Wie sollte es auch, finden wir doch nicht einmal in der Literatur oder in einem Lexikon eine schlüssige Definition des Goldenen Wienerherzens. Das mag auch ein Grund für seine Allgegenwart sein: Jeder kennt es oder vermeint es zumindest zu kennen, und jeder Wiener fühlt sich geschmeichelt, wenn er mit diesem Gütesiegel der wienerischen Mentalität in Verbindung gebracht wird.

Das Wienerherz glänzt also golden und wird auch gerne als legendär apostrophiert: Im Laufe von Jahrhunderten ist es zu einem Mythos geworden. Die Definition dieses Begriffs im Bertelsmann-Lexikon trägt einiges zum Verständnis bei. Danach wird ein Mythos als „Weltauslegung und Lebensdeutung in erzählerischer Berichtsform, gesättigt von Symbolen, Visionen und fabulierenden Darstellungen", beschrieben. Setzen wir nun diesen Satz mit unserem Goldenen Wienerherz in Verbindung, dann heißt das, dass es nichts Greifbares ist, nichts,

The Viennese Heart of Gold

How do you define a concept that has long passed beyond Austria's frontiers and become a seal of quality for Viennese *gemütlichkeit* – and yet is so intangible and displays so many facets, some of them rather dubious? On the trail of Vienna's heart of gold in everyday life and literature …

It's probably fact that the legendary Viennese heart of gold has been beating for centuries. After all, it was the subject of Viennese songs long ago, and inspired many a poet to profound or humorous lines. In fact the oldest among us can still remember hearing about it as children.

But if you ask around what the Viennese heart of gold actually is, people look bewildered and can't answer. After all, defining a concept that has long been a part of life and hardly demands profound thought of anyone takes some effort. So, when asked, people mutter vague things about *gemütlichkeit*, the good old days, and "good chaps" supposedly typical of "real" Vienna, or other stuff equally beside the point. And how could it be otherwise, since neither in literature nor in any dictionary do we find a conclusive definition of the Viennese heart of gold. That may also be one reason for its ubiquity. Everyone knows it or thinks he knows it, and any Viennese feels flattered to be associated with this seal of quality of the Viennese mindset.

So the Viennese heart gleams with gold and is frequently apostrophized as the stuff of legend. Over the centuries, it has become a myth. The definition of the latter term in the Bertelsmann dictionary throws a little light on the subject. There, we are told that a myth is "an explanation of the world and the meaning of life in narrative form, saturated with symbols, visions and fabulous scenes." If we now apply this sentence to our Viennese heart of gold, that means that it is not tangible, nor anything that we could unambiguously classify or pigeonhole. It can be considered as either a quality of character or as an attitude to life.

To start with, our associations are mainly positive. People with a Viennese heart of gold are there for others, and support them. They're helpful, friendly, likeable, in fact, kind of angels living in their heaven beside the Danube. This view appeals to the Viennese of course, since it puts them on a podium. But it's not so simple with that heart of gold. There is a flipside that does not shine so bright, indeed, is black, sometimes pure black. These darker facets have come to the fore more and more often in the literature, cabaret and music of the past decades. But we should not conclude from that the Viennese have suddenly mutated into evildoers. It is only proof of the ambivalence inherent in the Viennese character. The Viennese are neither angels nor devils – they are found somewhere in the ample space between the two extremes.

It is not easy to put in words the many-layered aspects of the Viennese heart of gold – and yet people keep trying. A gift shop, for example, selling Art Nouveau glass and ceramic pots uses an interesting definition of the Viennese heart of gold to sell its products. It is, we are told, "legendary, the stuff of song, much quoted, transfigured, sugar pink, deep black, inscrutable, bibulous, rude and sentimental – and it beats passionately for stories from the city of Vienna."

was wir eindeutig ein- oder zuordnen könnten. Es lässt sich ebenso als Charaktereigenschaft betrachten wie als Lebenseinstellung.

Im ersten Moment assoziieren wir hauptsächlich Positives: Ein Mensch mit dem Goldenen Wienerherz ist für die anderen da, unterstützt sie – er ist hilfsbereit, freundlich, liebenswert, eine Art Engel eben, der in seinem Himmel an der Donau lebt. Diese Betrachtungsweise gefällt dem Wiener natürlich, hebt sie ihn doch auf ein Podest. So einfach ist das aber nicht mit dem Wienerherz: Es hat auch eine Kehrseite, die nicht glänzt, sondern sich schwarz, manchmal tiefschwarz, präsentiert. In der Literatur, im Kabarett und in der Musik der vergangenen Jahrzehnte werden diese dunklen Facetten immer öfter betont. Daraus darf man nicht schließen, dass sich die Wiener plötzlich in Böslinge verwandelt haben – es ist nur ein Beweis für die Ambivalenz, die dem Wienertum als charakteristische Eigenschaft innewohnt. Der Wiener ist weder ein Engel noch ein Teufel, er hat seinen Platz im weiten Raum zwischen den beiden Extremen.

Das Goldene Wienerherz unter diesen vielschichtigen Aspekten sprachlich zu erfassen ist nicht leicht – und wird doch immer wieder versucht. So wirbt etwa ein Geschenkeshop, der Jugendstilgläser und Porzellanbecher anbietet, mit einer interessanten Definition des Goldenen Wienerherzens für seine Produkte: Es sei, so lesen wir, „legendär, besungen, viel zitiert, verklärt, zuckerlrosa, tiefschwarz, abgründig, weinselig, goschert und sentimental – und es schlägt leidenschaftlich für die Geschichten aus der Wienerstadt". Die Ambivalenz des Wienerherzens macht sich sogar als Reklametext gut …

Wann genau der Mythos vom Goldenen Wienerherz entstanden ist, lässt sich nicht genau sagen … aber begeben wir uns auf Spurensuche. Die Lebensart, die Gefühlswelt und die positive Selbsteinschätzung der Wiener finden wir schon zu Zeiten der Habsburgermonarchie in der Musik, und hier natürlich vor allem in den Wienerliedern, die im 19. Jahrhundert oftmals in den Wirtshäusern und Heurigenschenken entstanden. Damals war das noch echte Volksmusik mit Texten, die das Leben und Denken der einfachen Menschen hautnah berührten. Hatten die Lieder später, als berühmte Komponisten wie Robert Stolz oder Ralph Benatzky das Genre entdeckten, ganz andere Inhalte – hauptsächlich Lobeshymnen auf die Wienerstadt, eine Art Fremdenverkehrswerbung in Noten: „Wien, Wien, nur du allein" –, so waren ursprünglich noch ganz andere Themen besungen worden: der Wein, die gute, alte Zeit, der Tod und das Goldene Wienerherz. Meist im Wiener Dialekt verfasst, waren die Wienerlieder Spiegelbild und Selbstdarstellung der Menschen in der Donaumetropole und ließen den Wiener so erscheinen, wie er sich gerne sah: humorvoll, „lustig, fesch und munter" und mit viel Herz. Ob der

Peter Alexander und Marianne Koch in „Die Fledermaus". Peter Alexander and Marianne Koch in "Die Fledermaus".

Szene aus „Geschichten aus dem Wienerwald", Burgtheater 1948. Scene from "Tales from the Vienna Woods", 1948.

Even in advertising, the ambivalence of that Viennese heart is worth its weight.

When exactly the myth of the Viennese heart of gold came into being is hard to say, but let's see what we can find out. The lifestyle, emotional world and positive self-assessment of the Viennese were already present in music in the days of the Habsburg Monarchy, and there first and foremost in Viennese songs, which in the 19th century originated often enough in inns and *heurige* wine taverns. At that time, that was still real folk music, with texts that touched the life and souls of ordinary people first-hand. Though the songs later acquired quite different content – principally extolling the city of Vienna, as a kind of sung tourist-advertising of the "Wien, Wien, nur du allein . . ." (Vienna, you alone . . .) type, when famous composers such as Robert Stolz and Ralph Benatzky discovered the genre – the original subject matter was quite different. It featured wine, the good old days, death, and the Viennese heart of gold. Mostly composed in local dialect, Viennese songs were mirror images and self-representation of people in the Danube city. The Viennese featured in them the way they liked to be seen – humorous, jolly, good-looking and cheerful, and with lots of heart. One may of course wonder whether the real Viennese were indeed like that. In his "Wiener Volkskunde" (Vienna ethnological studies), cultural writer Leopold Schmidt throws light on the real image of this race: "All observers have noted certain features since the Middle Ages that appear to have remained constant across the centuries. Most visitors discern a certain easy-going quality, a sanguine temperament, and marked good humour, and it is generally up to them whether they rate these qualities better or worse." The good humour mentioned, or *gemütlichkeit*, as the Viennese would call it, forms one stone in the complex mosaic of the Viennese heart of gold.

Viennese songs still flourish, even if largely banished from radio and television. Along with imitators and creative types who take the lyrics and melodies of yore as their guiding stars, there are admittedly also composers who have adapted Viennese song to our day. In these, Vienna's heart of gold has lost its radiant sheen, and the often sombre content sometimes takes on deep black hues. Legendary poet H. C. Artmann for example wrote lyrics later set to music where we find even murder and rape. Likewise in Austropop, that Viennese heart sometimes comes across as rather gloomy. We need only think of Wolfgang Ambros's "Hofa" or Arik Brauer's "Köpferl im Sand". Here, a mirror is held up to people without any mitigating soft lighting to hide flaws.

The Viennese heart also has its place in literature. Sometimes it gleams of gold, as in Richard Strauss, whose "Rosenkavalier" was the most Viennese of all operas. We often encounter it in its darker version: "Wien wörtlich", for example, a volume of poems written in 1935 by Josef Weinheber – the Viennese poet *par excellence* – digs deep into the Viennese soul, but its picture of the Viennese character still holds good today, in all its variants. We owe Karl Kraus for the giant opus "The Last Days of Mankind" written between 1915 and 1922, which targets stupidity, mendacity and thoughtlessness. The Viennese heart does not get off lightly here. Its abysmal depths were also revealed by Ödön von Horváth with his "Tales from the Vienna Woods", where dishonest clichés are exposed and the proverbial Viennese *gemütlichkeit* flips over into the opposite. The Viennese would have none of that, of course. When the play – premiered in Berlin in 1931 – was first performed in Vienna in 1948, it was received with outrage. Reviewers and audiences were unanimous in rejecting this "blasphemy against the Viennese character". Indignation only waned somewhat with the TV

Helmut Qualtinger als „Herr Karl". Helmut Qualtinger as "Herr Karl".

„echte Weana“ tatsächlich so war wie in der Musik dargestellt, lässt sich allerdings bezweifeln. In seiner „Wiener Volkskunde“ beleuchtet der Kulturwissenschafter Leopold Schmidt das reale Bild dieses Menschenschlages: „Seit dem Mittelalter fallen allen Betrachtern gewisse Züge auf, welche durch die Jahrhunderte sich gleich zu bleiben scheinen. Eine gewisse Leichtlebigkeit, ein sanguinisches Temperament, eine ausgesprochene Gutmütigkeit erkennen die meisten Besucher an und an ihnen liegt es meist, ob sie diese Eigenschaften besser oder schlechter werten …“ Die genannte Gutmütigkeit können wir als Steinchen in das komplexe Mosaik „Goldenes Wienerherz“ einfügen.

Das Wienerlied lebt noch immer, wenn es auch aus Radio und Fernsehen weitgehend verbannt wurde. Neben Epigonen und Kreativen, die sich an den Texten und Melodien von einst orientieren, gibt es freilich auch Komponisten, die das Wienerlied unserer Zeit angepasst haben. Bei ihnen hat das Goldene Wienerherz seinen strahlenden Glanz verloren, die oft düsteren Inhalte sind bisweilen tiefschwarz gefärbt. Der legendäre Poet H. C. Artmann beispielsweise schrieb später vertonte Texte, in denen wir sogar Mord und Vergewaltigung begegnen. Auch im Austropop präsentiert sich das Wienerherz manchmal ziemlich düster – denken wir an den „Hofa“ von Wolfgang Ambros oder an Arik Brauers „Köpferl im Sand“. Hier wird den Menschen ein Spiegel ohne verklärende Weichzeichnung vorgehalten.

Einen fixen Platz hat das Wienerherz auch in der Literatur. Manchmal glänzt es golden, wie bei Richard Strauss, der mit dem „Rosenkavalier“ die wienerischste aller Opern geschrieben hat. Oftmals begegnen wir ihm in seiner dunklen Variante. So entwarf Josef Weinheber – der Wiener Dichter schlechthin – in seinem Gedichtband „Wien wörtlich“ von 1935 ein tief in der Wiener Seele schürfendes und heute noch gültiges Bild des Wienertums in allen Spielarten. Karl Kraus verdanken wir das in den Jahren 1915 bis 1922 entstandene Riesenwerk „Die letzten Tage der Menschheit“, in dem Dummheit, Verlogenheit und Gedankenlosigkeit aufs Korn genommen werden. Hier kommt das Wienerherz nicht gut weg. Dessen Abgründe offenbarte in den beginnenden Dreißigerjahren des 20. Jahrhunderts auch Ödön von Horvath mit seinen „Geschichten aus dem Wienerwald“, in denen verlogene Klischees entlarvt werden und die sprichwörtliche Wiener Gemütlichkeit ins Gegenteil umschlägt. Das wollten die Wiener natürlich nicht sehen: Als das 1931 in Berlin uraufgeführte Stück 1948 zum ersten Mal in Wien auf die Bühne kam, gab es einen Skandal – Kritik und Publikum lehnten diese „Blasphemie am Wienertum“ einmütig ab. Die Empörung ebbte erst mit der Fernsehinszenierung des jungen Erich Neuberg 1961 ab, wozu vermutlich auch

production of it by the young Erich Neuberg in 1961, to which no doubt the outstanding cast led by Johanna Matz, Hans Moser and Helmut Qualtinger contributed.

The same year, 1961, Helmut Qualtinger allowed us another penetrating glance deep into the Viennese soul. In his one-man play "Herr Karl", he acted an opportunist, petty bourgeois fellow traveller who worms his way through Austrian history so cleverly that he extracts the last ounce of benefit from everything for himself. A former Socialist, follower of the Christian Socialists, he switched to the Nazi camp when Hitler marched in, then after the end of World War II cosied up to the occupying powers. Behind a façade of Viennese *gemütlichkeit*, which steadily crumbles to pieces as the monologue proceeds, lies a cold-hearted turncoat who ruthlessly exploits people. As might be expected, the first TV showing provoked violent reactions. There was a hailstorm of protest from people who refused to see themselves in it. Possibly many Viennese may have actually felt it was too close to the bone, hence the blustering and fulmination …

Like Horváth and Artmann, Helmut Qualtinger showed in "Herr Karl" that the Viennese heart is not immaculate gold. There are many stains that mar the sheen, intermediate tones and deep black. But it is only this ambivalence, this wealth of facets and co-existence of many shades of good and evil – "himmelhoch jauchzend, zu Tode betrübt" (over the moon, down in the dumps), as Goethe puts it in "Egmont" – that makes the heart and soul of the Viennese.

die grandiose Besetzung mit Johanna Matz, Hans Moser und Helmut Qualtinger an der Spitze beitrug.

Im selben Jahr, 1961, ließ Helmut Qualtinger noch einmal tief in die Wiener Seele blicken: In seinem Ein-Personen-Stück „Herr Karl“ stellte er einen opportunistischen kleinbürgerlichen Mitläufer dar, der sich so geschickt durch die österreichische Geschichte schlängelt, dass er aus allem Nutzen für sich ziehen kann. Er war Sozialist, Anhänger der Christlichsozialen, wechselte nach dem Einmarsch Hitlers ins Lager der Nationalsozialisten, um sich nach Ende des Zweiten Weltkrieges den Besatzungsmächten anzubiedern. Hinter der Fassade wienerischer Gemütlichkeit, die im Laufe des Monologs immer mehr abbröckelt, verbirgt sich ein kaltherziger Wendehals, der die Leute skrupellos ausnützt. Wie zu erwarten, rief die erste Fernsehausstrahlung heftige Reaktionen hervor: Es hagelte Proteste, so wollten sich die Menschen nicht sehen. Manch ein Wiener mag damit vielleicht auch überspielt haben, dass er sich eigentlich betroffen fühlte.

In seinem „Herrn Karl“ zeigte Helmut Qualtinger ebenso wie Ödön von Horvath und H. C. Artmann, dass das Wienerherz nicht allein in makellosem Gold strahlt. Da gibt es so manche Flecken, die den Glanz trüben, farbliche Zwischentöne und tiefes Schwarz. Aber erst diese Ambivalenz, dieser Facettenreichtum, dieses Nebeneinander von Gut und Böse in vielen Schattierungen, dieses himmelhoch Jauchzende und zu Tode Betrübte machen Herz und Seele des Wieners aus …

Von außen betrachtet

Seen From Outside

Von außen betrachtet

Nicht wenige Wiener sind richtig stolz auf das ihnen zugeordnete Goldene Herz. Wenn es darauf ankommt, dann vermag es hell und strahlend zu glänzen. Das bekommen auch jene in reichlichem Maße zu spüren, die zu Gast in der Donaumetropole sind.

Ja, der Wiener hat ein Faible für Touristen, die beim Erkunden der Stadt oftmals ein helfendes Wesen als ortskundigen Beistand gebrauchen können. Das wurde nicht zuletzt durch eine im Auftrag von WienTourismus erstellte Studie mit Zahlen und Fakten erhärtet: Immerhin 78 Prozent der befragten Bürger der Donaumetropole waren der Meinung, dass Wien eine tolle Stadt für Touristen sei, bloß ein Prozent zeigte sich diesbezüglich skeptisch. Die Stadtbewohner wissen auch, dass sie beim Wien-Erlebnis der Besucher eine gewichtige Rolle spielen. Jeder Fünfte ist sich sicher, dass die Bewohner Wiens den Eindruck der Stadt „sehr stark" prägen, 55 Prozent der Befragten begnügten sich mit „stark" als Antwort und lediglich einer von 100 glaubt, dass der Wiener keinerlei Wirkung auf die Gäste habe. Bei diesem einen Prozent handelt es sich übrigens ausschließlich um Männer.

Während sie selbst durch die Stadt bummeln, helfen 78 Prozent der Einheimischen den Gästen „sehr gerne", 18 Prozent „gerne", drei Prozent sind dabei „eher" und ein Prozent ist „stärker" zurückhaltend, doch keiner der Befragten würde Hilfe rundweg verweigern. Im Kaffeehaus oder im Restaurant darf der geschätzte Tourist auf ebenso große Hilfsbereitschaft hoffen. Und selbst wenn Sprachbarrieren die verbale Verständigung mit auswärtigen Besuchern verunmöglichen sollten, würden die Wiener als helfende Engel auftreten. 54 Prozent wollen in einem solchen Fall sofort auf ihre Fremdsprachenkenntnisse zurückgreifen, wie groß oder gering sie auch sein mögen, weitere 26 Prozent würden das zwar ebenfalls tun, aber mit gewissen Vorbehalten. 47 Prozent wären „sehr gerne" und 29 Prozent „gerne" behilflich, wenn die Kommunikation lediglich mit Zeichensprache funktionierte. Sogar beruflicher Stress kann der Hilfsbereitschaft wenig anhaben: So würden 16 Prozent dem Gast, selbst wenn sie unter Druck und in

Seen From Outside

Quite a number of Viennese are really proud of the heart of gold attributed to them. When it matters, it's capable of shining light and bright, as anyone will find in full measure when a guest in the city.

The Viennese have a soft spot for tourists who stand in need of a helping hand from a knowledgeable local when exploring the city. That much was confirmed by statistics and data in a study commissioned by WienTourismus. No fewer than 78 per cent of Viennese citizens asked were of the opinion that Vienna was a super city for tourists. Only 1 per cent were sceptical in this respect. The city's inhabitants were also convinced that they themselves played an important part in visitors' Vienna experience. Every fifth person was certain that the inhabitants of Vienna contributed "very strongly" to the impression the city makes, 55 per cent were content with "strongly", and only 1 per cent thought that the Viennese made no impression on guests. The 1 per cent incidentally were all men!

When on their way about town, 78 per cent of natives were "very glad" to help visitors, 18 per cent were "glad", 3 per cent were "quite glad" and only 1 per cent were not so keen, but none of those asked would flatly refuse to help. As prized guests, tourists can expect to find the same readiness to help in cafés and restaurants. And even where language barriers could make verbal communication with foreign visitors

Schriftsteller und Kritiker Hans Weigel im Café Hawelka am Neujahrstag 1956. Writer and critic Hans Weigel at Café Hawelka, New Year's Day 1956.

Eile sind, jegliche Hilfe angedeihen lassen, nur 13 Prozent hätten in einem solchen Fall keine Ambition dazu.

Angesichts solch erfreulicher Ergebnisse bleibt zu hoffen, dass selbst Skeptiker an die Existenz des Goldenen Wienerherzens glauben und es nicht für eine Art Eigenlob der Wiener halten – zumal sich diese Touristenfreundlichkeit offenbar im Alltag niederschlägt, wie ein deutscher Informatiker in einem auf seiner Website veröffentlichten Reisebericht über einen Wien-Urlaub zu erzählen weiß: „Auffällig war die Hilfsbereitschaft der Wiener. Ich stand in einer der vielen Straßen suchend mit meinem Faltplan in der Hand und wurde mehrfach prompt angesprochen und gefragt, ob man mir bei der Suche helfen könne. Das und vor allem in dieser Zahl ist mir bisher in keiner anderen Stadt widerfahren." Wien ist eben doch anders …

Eine ähnliche Lobeshymne auf die Hilfsbereitschaft der Wiener stimmte auch ein anderer deutscher Urlaubsgast an, der mit den öffentlichen Verkehrsmitteln – in Wien liebevoll „Öffis" genannt – fahren wollte. Auf einer Community-Website schreibt er: „Ich kann bloß sagen, wenn du nur einen kurzen Blick auf die Abfahrtstafel wirfst, dann springen dich die Wiener an und helfen dir. Am besten kaufst du dir einen Reiseführer und einen Stadtplan, aber du kannst dich sehr gut auf die Wiener verlassen, sie helfen dir wirklich immer."

Auch ein Sozialwissenschafter, der als – Originalton! – „Zuagroaster" in Wien lebt, hat so seine Erfahrungen mit dem Goldenen Wienerherzen gemacht. Als er einmal in einem Kaffeehaus Croissants bestellte, gab ihm der Kellner deutlich zu verstehen, dass er hier nur Kipferln bekommen könne; für Croissants müsse er nach Frankreich reisen. Das würde manch einer wohl als persönliche Beleidigung auffassen – nicht so der genannte Sozialwissenschafter, der auf einer Internetplattform Verständnis zeigt: „Mag es dem Fremden auch durch Begebenheiten wie die geschilderte kaltherzig vorkommen, wenn er bei einer simplen Croissant-Bestellung auf eine derart rüde Weise zurechtgewiesen wird, im Grund verhält es sich so: Hinter der harten Schale des Wieners an sich verbirgt sich ein weicher Kern. Der Kellner will dem Gast nur klarmachen, dass er hier in Wien nicht auf einen importierten Lebensstil ausweichen muss." Und der Zurechtgewiesene kommt zu dem Schluss: „Das Goldene Wienerherz ist nicht, wie fälschlicherweise gerne kolportiert wird, eines, das nach außen glänzt und doch kalt und hart ist, sondern ganz im Gegenteil." Ein „Zuagroaster" scheint die eher empfindliche denn empfindsame Wiener Seele vielleicht doch besser zu verstehen als einer, der schon immer hier lebt und mit der Zeit vielleicht ein wenig „betriebsblind" geworden ist.

difficult, the locals would act as helping angels. In such cases, 54 per cent would immediately try out their own foreign-language skills, however small or adequate they might be, while another 26 per cent would do the same, albeit with a certain reticence. 47 per cent would be "very glad" to be of help even if communication were reduced to sign language, while 29 per cent would be "glad" to help. Occupational stress does not seem to affect the readiness to help. Even if they were under pressure and in a hurry, 16 per cent would offer visitors any kind of help required, while only 13 per cent would not want to do that in such event.

In view of these positive figures, it remains to be hoped that even sceptics might believe in the existence of the Viennese heart of gold and not consider it a kind of Viennese self-praise – chiefly since this responsiveness to tourists obviously has an everyday side, as a German computer IT expert notes in a travel report he published on his website after a holiday trip to Vienna: "The Viennese were noticeably ready to help. I stood scratching my head with my folding map in my hand, and was immediately addressed a number of times and asked if I needed help. That's something that, particularly on such a scale, has not happened to me in any other city." So Vienna is maybe different after all …

A similar paean in praise of Viennese helpfulness was voiced by another German holidaymaker planning to travel by public transport (affectionately called *öffis* in Vienna). He wrote on a community website: "I can only say that, even if you so much as glance at the departures board, the Viennese leap at you and help. The best thing is to get a guidebook and map, but you can certainly rely on the Viennese, they really do always help."

A social scientist who lives in Vienna as an offcomer likewise experienced the Viennese heart of gold. Once when he ordered "croissants" in a café, the waiter made it absolutely clear that he could only have "kipferl" (the Austrian word for croissant). If he wanted "croissants", he'd have to go to France. Many people would probably have taken personal offence at that. Not so the social scientist, who showed understanding in a comment he left in an Internet forum: "It might seem cold-hearted to a stranger in incidents like the one described to be so ungraciously rebuked when merely ordering a croissant, but basically the situation is as follows. Behind the hard Viennese carapace lurks a soft core. The waiter merely wants to make it clear to the guest that he does not have to switch to an imported lifestyle here in Vienna." And the rebuked visitor comes to the conclusion: "The Viennese heart of gold is not, as is wrongly but commonly put about, one that shines on the outside yet is cold and hard inside, but quite the opposite." The outsider appears to understand the touchy (rather than sensitive) Viennese soul better than one who has always lived here and has perhaps become a bit blinkered by time.

This Viennese heart of gold may indeed be difficult to understand sometimes and palpitate irregularly – but when it matters, it shines light and bright. We need only think of the dark days of the Hungarian Revolution in 1956, when the whole of Vienna with great zeal and goodwill embraced the refugees from the neighbouring country in the East and looked after them. The same thing happened during the Prague Spring, and later when the Berlin Wall fell and the frontiers of the Eastern Bloc fell for people then living beyond the Iron Curtain. During these events, Czechs, Slovaks, East Germans and all the others who had shaken off Communist rule were welcomed as guests. The Viennese did not despise them, like the rich uncle who makes his poor relatives aware of the differences in the depth of their pockets, but gave willingly, without any hidden thoughts. Help was offered wherever possible. People streaming into the

Der Graben zieht sich durch die Wiener Innenstadt, aber nicht durch das Herz der Wiener. The "Graben" (lit. "trench") goes through Vienna's Inner City, but not through the heart of the Viennese.

Nun mag es tatsächlich manchmal schwer zu verstehen sein, dieses Goldene Wienerherz, und bisweilen auch kleine Rhythmusstörungen aufweisen – doch wenn es darauf ankommt, dann glänzt das Gold ganz hell und strahlend. Denken wir nur an die dunklen Tage der ungarischen Revolution 1956, als sich ganz Wien mit Feuereifer und echter Hilfsbereitschaft daranmachte, die Flüchtlinge aus dem östlichen Nachbarland mit offenen Armen aufzunehmen und zu versorgen. Ähnliches spielte sich während des „Prager Frühlings" ab und später wieder, als die Berliner Mauer fiel und sich die Grenzen des Ostblocks für die Menschen jenseits des damals noch existierenden „Eisernen Vorhangs" öffneten. Da wurden die Tschechen, die Slowaken, die Ostdeutschen und all die anderen, die die kommunistische Herrschaft abgeschüttelt hatten, als gern gesehene Gäste empfangen. Der Wiener blickte nicht auf sie herab wie der reiche Onkel, der seine armen Verwandten die unterschiedlichen Kontostände spüren lässt, sondern gab sich herzlich, ohne jeden Hintergedanken. Hilfe wurde angeboten, wo immer es möglich war – die Leute, die ins Land strömten, sollten nicht das Gefühl haben, Almosen zu empfangen. Und hatten es auch nicht.

Eine Szene, die den Weg in die Tageszeitungen fand, soll die positive Stimmung jener Tage anschaulich machen: In der Nähe des Grabens in der Wiener City stellte ein Tscheche sein Auto in einer Halteverbotszone ab – er war mit dem für ihn ungewohnt dichten Verkehr an einem Einkaufstag sichtlich überfordert und kannte sich überdies in der Stadt nicht aus. Lange dauerte es nicht, da näherte sich schon ein Abschleppwagen, um den vorschriftswidrig geparkten Pkw zu entfernen. Doch da geschah etwas Ungewöhnliches und, menschlich gesehen, Erfreuliches: Als die Umstehenden Zeugen davon wurden, wie der Abschleppdienst anhob, das tschechische Auto mit dem Kran in die Höhe zu hieven, hagelte es plötzlich Proteste. Man könne doch nicht einfach einem Gast unserer Stadt den Wagen wegschaffen! Wenn er zurückkomme, wisse er schließlich nicht, was da geschehen sei, und Geld für die saftige Strafe hätten die armen Tschechen ja auch nicht. Man hörte förmlich das Goldene Wienerherz vereint in all den Umstehenden pochen. Und das sorgte für ein kleines Wunder: Das Fahrzeug blieb an Ort und Stelle.

Menschen mit dem sprichwörtlichen Goldenen Wienerherz bringt auch so leicht nichts aus der Ruhe. Die folgende kleine Begebenheit, die der Autor selbst erlebt hat, soll das untermauern. Sie trug sich vor vielen Jahren im Wiener Vorort Rodaun zu. Es war Sonntagabend, fast 22 Uhr. In einem Triebwagen der Straßenbahnlinie 60 saß eine fröhliche Runde, die einige Stunden lang beim Heurigen dem guten Tropfen der Gegend zugesprochen hatte … und nun sang. Die

country should not have the feeling of accepting alms. Nor did they feel it.

A scene reported in the papers makes the positive mood of those days clear. In the vicinity of the Graben in downtown Vienna, a Czech left his car in a no-stopping zone. Clearly the uncommonly dense traffic on a shopping day had bewildered him, and he didn't know the city. It didn't take long for a towaway truck to appear, all ready to remove the offending vehicle. But then something unusual happened and, in human terms, gladdening. When the crowd witnessed the towaway truck setting about lifting the Czech car off the ground, there was a sudden storm of protest. You can't simply remove a guest's car in this city! After all, when he comes back, he won't know what's happened, and in any case the poor Czechs don't have the money for hefty fines! You could literally hear Vienna's heart of gold beating in the whole crowd. And a minor miracle followed – the vehicle was left where it was.

People with the proverbial Viennese heart of gold are not so easily discomposed. The following small incident, which the author himself experienced many years ago in the Viennese suburb of Rodaun, supports that. It was a Sunday evening, nearly 10 o'clock. A jolly group of people who had spent some hours savouring the local *heurige* wine nearby were sitting in a number 60 tram car – and singing. An elderly lady who got on the tram was obviously upset by this rather noisy kind of Viennese wine euphoria and immediately complained to the conductress (they still had them then) in no uncertain terms. The latter, however, took the part of the rather rowdy tipplers, telling the peeved elderly lady: "There's singing here. If you don't like it, you can get in the other car, there are two of them." The response of the lady ushered out of the tram in such terms was unfortunately lost in a bellow of song.

However, it doesn't do to push the legendary Viennese heart too far, since it may vent its spleen. Playwright Roda Roda, whose army comedy "Der Feldherrnhügel" still raises a grin, makes this point aptly and with his special brand of humour. He tells of a Viennese unsuccessfully trying to get a foreigner to understand that he's heading down Wieden and needs to go the other way for Stephansplatz. But the obstreperous visitor knows what he knows, and marches straight on, unfazed. That proves too much for the Viennese, and he forgets the heart of gold inside him: "Just carry on, then, you congenital idiot, you half-baked clot! Hobble off to Naschmarkt! You'll be sorry when it's too late, you ignorant Russian Cossack!" All this course said in ripest Viennese dialect.

That is of course just literature, coarse wit. Writers may exaggerate – even if the heart of the Viennese indeed can be many things at once. Ambivalence personified in matters of the Viennese heart of gold is the unforgettable popular actor Hans Moser. In his roles, as in life, he came across as the quintessential grumpy Viennese for whom nothing is right, always grumbling and grousing, but who deep down is as soft as butter, as the phrase goes. At least in films, that meant that there was always a happy ending. The result was, as the films progressed, he often was transformed from an unlikeable fellow being into the soul of kindness, whom you simply had to like. The Viennese heart of gold was always beating loudly there.

Grumpy Viennese do exist of course here and there, but they are rarely really nasty. Sometimes, what wipes the friendly smiles from the faces of the inhabitants of Vienna in seconds is totally trivial. For example, if someone badmouths Vienna. The Viennese then suddenly turn into fanatical defenders of "their" city, which no "Johnny foreigner" – i.e. anyone not rocked in their cradle in the Austrian

Schaffnerin (damals gab es das noch) gesellte sich zu den gar nicht stillen Zechern, als eine ältere Dame in den Wagen stieg, die sich von dieser etwas geräuschvollen Art der Wiener Heurigenseligkeit offensichtlich gestört fühlte und dies sogleich missmutig der Schaffnerin kundtat. Diese aber schlug sich auf die Seite der lustigen Runde und sagte zu dem pikierten weiblichen Fahrgast: „Hier wird gesungen. Wenn Ihnen das nicht gefällt, dann können sie ja in den Beiwagen einsteigen, wir haben zwei davon." Was die solcherart aus dem Wagen Komplimentierte darauf erwiderte, ging leider im lauten Gesang unter.

Das legendäre Wienerherz sollte man jedoch nicht zu sehr strapazieren, denn dann macht es seinem Ärger Luft. Der Dichter Roda Roda, über dessen Militärkomödie „Der Feldherrnhügel" wir noch heute schmunzeln, schildert das treffend und auf die ihm eigene humorvolle Weise. Er erzählt von einem Wiener, der einem Fremden vergeblich klarzumachen versucht, dass der Weg, den er eingeschlagen hat, nicht zum angepeilten Stephansplatz führt, sondern in die Gegenrichtung, auf die Wieden. Aber der Wien-Besucher zeigt sich stur und marschiert unbeirrt weiter, bis es dem Wiener zu viel wird und er das Goldene Herz in seiner Brust vergisst: „Hatsch nur, du Fallot, du dünngselchter! Hatsch nur am Naschmarkt! Wirst es schon bereun, wann's zu spät ist, du damischer Kosak, russischer übereinand!" Für alle, die diesen Dialekt nicht verstehen, eine sinngemäße Übersetzung in die Schriftsprache: „Geh nur, du Gauner, du dummer! Geh nur zum Naschmarkt. Du wirst es schon bereuen, wenn es zu spät ist, du verwirrter russischer Kosak."

Das ist natürlich nur Literatur, deftiger Witz. Ein Dichter darf übertreiben – wenngleich das Herz des Wieners durchaus vielschichtig zu sein vermag. Die personifizierte Ambivalenz in Sachen Goldenes Wienerherz ist der unvergessliche Volksschauspieler Hans Moser. Er wirkte in seinen Rollen – ebenso wie im Leben – wie der Inbegriff des grantigen Wieners, dem nie etwas recht ist, der immer nörgelt und raunzt, doch in seinem Innersten „butterweich" ist, wie man so schön sagt. Das sorgte zumindest im Film dafür, dass immer alles zu einem glücklichen Ende kam. Er selbst wandelte sich oft im Verlauf eines Flimmerspiels vom unsympathischen Zeitgenossen zu einem liebenswürdigen Menschen, den man einfach gern haben musste. Das Goldene Wienerherz pochte dabei stets ganz laut.

Den grantigen Wiener, den gibt's da und dort tatsächlich, aber wirklich bösartig ist er nur selten. Manchmal sind es nichtige Anlässe, die dem Bewohner der Donaumetropole das freundliche Lächeln in Sekundenschnelle aus dem Gesicht vertreiben: beispielsweise, wenn jemand über Wien schimpft. Da wird der Wiener plötzlich zum fanatischen Verteidiger „seiner" Stadt, die kein „Fremder" – und dazu zählen in diesem Fall alle, deren Wiege nicht in der österreichischen

Hans Moser verkörpert wie kein anderer die vielen Facetten des Wiener Herzens. Hans Moser embodies the numerous facets of the Viennese heart like no other.

capital – may run down. It's a matter of honour. Conversely of course, they allow themselves the right to pull "their" city to pieces any time they think it appropriate. That's just about OK.

Anyone who contacts the Viennese or wants something from them would do well to bear this characteristic in mind. In the 1970s, the strategists of one Austrian political party forgot it, or perhaps knew nothing about the sensitive mechanisms of the Viennese soul. At any rate, they launched a Viennese election campaign with the slogan "This city is sick". The inevitable result was, the Viennese would have none of that kind of talk, and the party had to accept heavy losses, as many people had warned them beforehand.

And because the Viennese don't like having a mirror held up to them, many musicians in recent times have likewise failed to join the pantheon of Viennese tunes with their works. The pantheon is home to the fiddle, which still goes straight to Viennese hearts, unlike for example Georg Kreisler's churlish song "How nice Vienna would be without the Viennese" or Helmut Qualtinger's settings of not exactly squeamish lyrics by H. C. Artmann, which open up the depths. This darker side of the Viennese heart may be taken from life, but the Viennese cannot take any real pleasure in being confronted with it. Only the Viennese may diss their city!

Bundeshauptstadt stand – schlecht machen darf. Eine Frage der Ehre. Umgekehrt nimmt er allerdings für sich selbst das Privileg in Anspruch, an seiner Stadt kein gutes Haar zu lassen, wann immer er es für richtig hält. Das wird man wohl doch noch dürfen!

Wer sich an den Wiener wendet oder von ihm etwas will, der tut gut daran, diese Charaktereigenschaft einzukalkulieren. In den 1970er-Jahren vergaßen die Strategen einer österreichischen Partei dies einmal, vielleicht wussten sie auch nichts von den sensiblen Mechanismen der Wiener Seele. Jedenfalls führten sie einen Wien-Wahlkampf mit dem Slogan „Diese Stadt ist krank". Es kam, wie es kommen musste: Die Wiener erteilten dieser Art von Werbung eine glatte Abfuhr, die Partei musste herbe Verluste hinnehmen, was nicht wenige bereits vorher prophezeit hatten.

Und weil sich der Wiener gar ungern einen Spiegel vorhalten lässt, kommt auch so mancher Musiker der jüngeren Zeit mit seinen Werken nicht in den Himmel der Wiener Melodien. Denn dieser hängt immer noch voller Geigen, die vielen Wienern mehr ans Gemüt gehen als etwa Georg Kreislers böses Lied „Wie schön wäre Wien ohne Wiener" oder Helmut Qualtingers Vertonungen der nicht gerade zimperlichen Texte H. C. Artmanns, die in Abgründe blicken lassen. Mögen diese düsteren Seiten des Wienerherzens auch aus dem Leben gegriffen sein – der Wiener hat keine rechte Freude, damit konfrontiert zu werden. Auf seine Stadt schimpfen darf eben nur er selbst!

Das Wesen von Wien

The Viennese Character

Das Wesen von Wien

Auch abseits aller Klischees gehört das Goldene Wienerherz zu den markanten Merkmalen vieler Menschen in der Donaumetropole. Aber sein Herz allein macht den Wiener nicht aus. Wie lässt sich das „Wesen von Wien" beschreiben?

Es existiert also tatsächlich, dieses legendäre Goldene Wienerherz, auch wenn es manchmal in einem etwas eigenwilligen Rhythmus schlägt. Wir müssen nicht die Literatur durchkämmen, die Geschichten und Geschichterln aus dem alten Wien, um darauf zu stoßen. Wir müssen auch nicht Wienerlied-Texte studieren, in denen dieses eigentümliche Herz ebenfalls viele Spuren hinterlassen hat. Die Menschen beweisen uns immer wieder, dass es in ihrer Brust schlägt – heute so wie einst. Und so hat es nicht in die endlose Reihe jener Klischees eingefügt zu werden, die man im Ausland gerne zum Bild des Wieners zusammensetzt – allzu oft zu einem Zerrbild, das die Wirklichkeit hartnäckig leugnet. Es ist eben doch viel einfacher, die Menschen der Donaumetropole auf die Sängerknaben, die Lipizzaner, Kaiserin Sisi und die Walzerseligkeit zu reduzieren, als sich mit dem Wiener des 21. Jahrhunderts zu beschäftigen. Der hat seine Wurzeln längst nicht mehr nur zwischen Floridsdorf und Hietzing oder in der einstigen Habsburgermonarchie, er kann auch aus Istanbul kommen oder aus Belgrad. Überhaupt: Die alten Klischees, die nicht und nicht verblassen wollen, passen schon lange nicht mehr ins Wien unserer Tage, in die internationale UNO-Stadt mit ihren weltweit Maßstäbe setzenden Forschungszentren, den modernen Hochhäusern und der Kreativität, die Anerkennung in aller Welt findet. Doch so seltsam es erscheinen mag: Die Klischees werden im Innersten der Wiener Seele – bewusst oder unbewusst – noch immer gehütet und tragen nach wie vor dazu bei, dass Veränderungen abgelehnt werden, obwohl das logisch gar nicht zu begründen ist.

Manchmal jedoch wird die Sache mit den Wien-Klischees so sehr übertrieben, dass sich sogar die Menschen in Wien empören. Diese Empörung bekam der amerikanische Fernsehjournalist David Brinkley zu spüren, als er in den Sechzigerjahren des vergangenen Jahrhunderts einen TV-Film über Wien drehte, bei dem man nicht wusste: Sollte man sich ärgern – was durchaus verständlich gewesen

The Viennese Character

Despite all the clichés, the Viennese heart of gold really is one of the distinguishing features of the city. But the heart is not the only organ in the human body. How do you define the Viennese character?

So it really does exist, that legendary Viennese heart of gold, even if sometimes it beats to rather idiosyncratic pulse. We don't need to comb through literature, stories and tales from old Vienna to come across it. We don't even need to study the lyrics of Viennese songs, where this strange heart has likewise left many traces. It is people who demonstrate to us again and again that it beats in their breasts, today as in the past. And so it does not need to be added to the endless series of clichés that form the general image of Vienna abroad. All too often, the latter is a distorted image that obstinately denies the reality. The fact is, it is much simpler to reduce the people in the city to the Vienna Boys' Choir, the Spanish Riding School, the Empress Sissi and all those waltzes than to focus on the 21st century Viennese. These have long since ceased to be just home-bred from between Floridsdorf and Hietzing or the cultural heirs of the Habsburg Monarchy. They may come from Istanbul or Belgrade. In short, the old clichés, which refuse to wither, no longer fit the Vienna of our day, the international UNO city with its research centres setting benchmarks worldwide, modern high-rise blocks and the creativity that is admired all round the world. But strange as it may seem, these clichés are nourished deep in the Viennese soul, consciously or unconsciously, and continue to impede change, even though there is no logical justification for it.

But sometimes the thing with the clichés about Vienna is so exaggerated that it even upsets the Viennese. American TV journalist David Brinkley experienced this when he made a television film about Vienna in the 1960s. Here in Vienna, the option was either to be annoyed, which would have been quite comprehensible, or simply disregard the unspeakable rubbish that passed across the screen. The strange Mr Brinkley expected his audience across the world (TV channels in numerous countries had put the film in their schedules) to believe that the typical Viennese official went to the Ministry of This & That (or some other bastion of red tape) with *knackwurst* in his briefcase and spent most of his day eating it. There was of course a chorus of outrage from Vienna. No way would they stand for being depicted round the globe as clowns. The proverbial heart of gold was quickly forgotten, and you can't blame them for it!

Ignoring all the clichés, the Viennese heart of gold remains undoubtedly one of the distinctive and positive features of many people in the city. But hearts are not the only organ people have. What other things belong to the picture?

To approach this question, city psychologist Cornelia Ehmayer interviewed very diverse people so as to come up with an image of the city and its inhabitants. She called her interesting research project "the character of Vienna", and one conclusion stands out from it. The most typical quality of this "character" is ambivalence, i.e. the contradictions between a past that, even in the 21st century, the Viennese live and love, a present day that is often overshadowed by the deeply rooted traditions, and a quasi-foredoomed future that is seen as arduous. That is the source of all scepticism towards innovation.

wäre – oder das unsägliche Machwerk, das da über unsere Bildschirme flimmerte, einfach nicht ernst nehmen. Dieser seltsame Mister Brinkley wollte seinen Zuschauern in aller Welt (die Fernsehsender zahlreicher Länder hatten den Film ins Programm genommen) etwa weismachen, dass der typische Wiener Beamte mit der Knackwurst in der Aktentasche ins Ministerium oder eine andere Tintenburg gehe und dort vor allem mit dem Verzehr derselben beschäftigt sei. Die Wiener bewiesen damals jedenfalls mit ihren Protesten, dass es ihnen sauer aufstößt, wenn sie rund um den Erdball als Kasperln präsentiert werden. Da vergaßen sie ziemlich schnell ihr sprichwörtliches Goldenes Herz, und man konnte es ihnen nicht verdenken!

Auch abseits aller Klischees gehört das Goldene Wienerherz nach wie vor zweifellos zu den markanten und positiven Merkmalen vieler Menschen in der Donaumetropole. Aber ein Herz allein macht den Wiener nicht aus. Was gehört da noch alles dazu?

Um sich dieser Frage anzunähern, führte Stadtpsychologin Cornelia Ehmayer Gespräche mit äußerst gegensätzlichen Interviewpartnern und entwarf ein Bild der Stadt und ihrer Bewohner. „Das Wesen von Wien“ nannte sie ihr interessantes Forschungsprojekt, aus dem wir vor allem eines herauslesen können: Die charakteristischste Eigenschaft dieses „Wesens“ ist die Ambivalenz, sind die Widersprüchlichkeiten zwischen einer Vergangenheit, die die Wiener auch im 21. Jahrhundert leben und lieben, der oft im Schatten des Althergebrachten stehenden Gegenwart und einer Zukunft, die – gewissermaßen vorausschauend – als beschwerlich betrachtet wird. Daher rührt auch die Skepsis allem Neuen gegenüber.

Bei Umfragen, die es ja zu jedem x-beliebigen Thema gibt – vom Waschmittel über die Fernsehpräferenzen bis hin zu den Schlafgewohnheiten –, wird ein repräsentativer Querschnitt der Bevölkerung herangezogen, um ein möglichst exaktes Ergebnis zu erhalten. Cornelia Ehmayer wählte einen ganz anderen Weg: Sie stellte zunächst einmal eine Gruppe von Stadtentwicklern, Medienleuten, politisch Aktiven, Kulturschaffenden und Menschen aus dem Tourismusbereich zusammen – alles Leute, die einen mehr oder minder professionellen Bezug zu Wien haben. Diese Runde wurde durch eine ohne fixe Auswahlkriterien zusammengewürfelte Schar von Wienerinnen und Wienern ergänzt, deren Beruf beim „Casting“ nicht ausschlaggebend war, und außerdem noch durch Studierende, die nicht in Wien geboren worden waren, sondern die Stadt erst als Erwachsene kennenlernten. Ein buntes menschliches Kaleidoskop! Die Psychologin wusste natürlich von vornherein, dass in diesem Fall persönliche Geschichten, Gefühle und Wahrnehmungen im Mittelpunkt stehen würden. Und so war es dann auch.

„Unser Mann in Wien", NBC-Dokumentation 1962. "Our Man in Vienna", NBC documentary 1962.

David Brinkley

Helmut Qualtinger im Film „Kurzer Prozess". Helmut Qualtinger in the film „Kurzer Prozess".

In questionnaires, which are carried out on all sorts of subjects ranging from detergents via TV preferences to sleeping habits, a representative cross-section of the population is taken to get as accurate a result as possible. Cornelia Ehmayer's approach was completely different. She first went for a group of urban developers, media people, political people, culturally creative people and people to do with tourism, all of whom had a more or less professional relationship with Vienna. This group was bulked out by a host of Viennese chosen without any fixed selection criteria, where occupation was not the decisive parameter, plus students who were not born in Vienna but had become acquainted with it only as adults. In short, it was a very variegated human kaleidoscope. The psychologist knew of course in advance that in this case personal stories, feelings and perceptions would be central. And so it proved.

We shall mention here only a few of the questions that were asked in a total of 117 interviews, so as not to get lost in the details. The answers to these and other questions ultimately developed into a colourful mosaic made up of many parts, although the final image was rather elusive. Indeed, no definitive image was to be expected, as Cornelia Ehmayer confirmed in a summary: "The character of Vienna certainly cannot ever be captured in its entirety."

Some of the questions the psychologist asked her group: "Thinking of Vienna, what does 'typical Viennese' mean to you?" This was a question about moods, feelings, smells, noises, colours, places, spots and landscapes. "Do you know any stories, songs or anecdotes you'd say are typical of Vienna?" "What are pleasant aspects of life in Vienna for you? And what about less pleasant aspects?" "Do you find Vienna a city to stay in or to leave?"

By the end, she had a very broad spectrum of answers. Most of them had of course a very

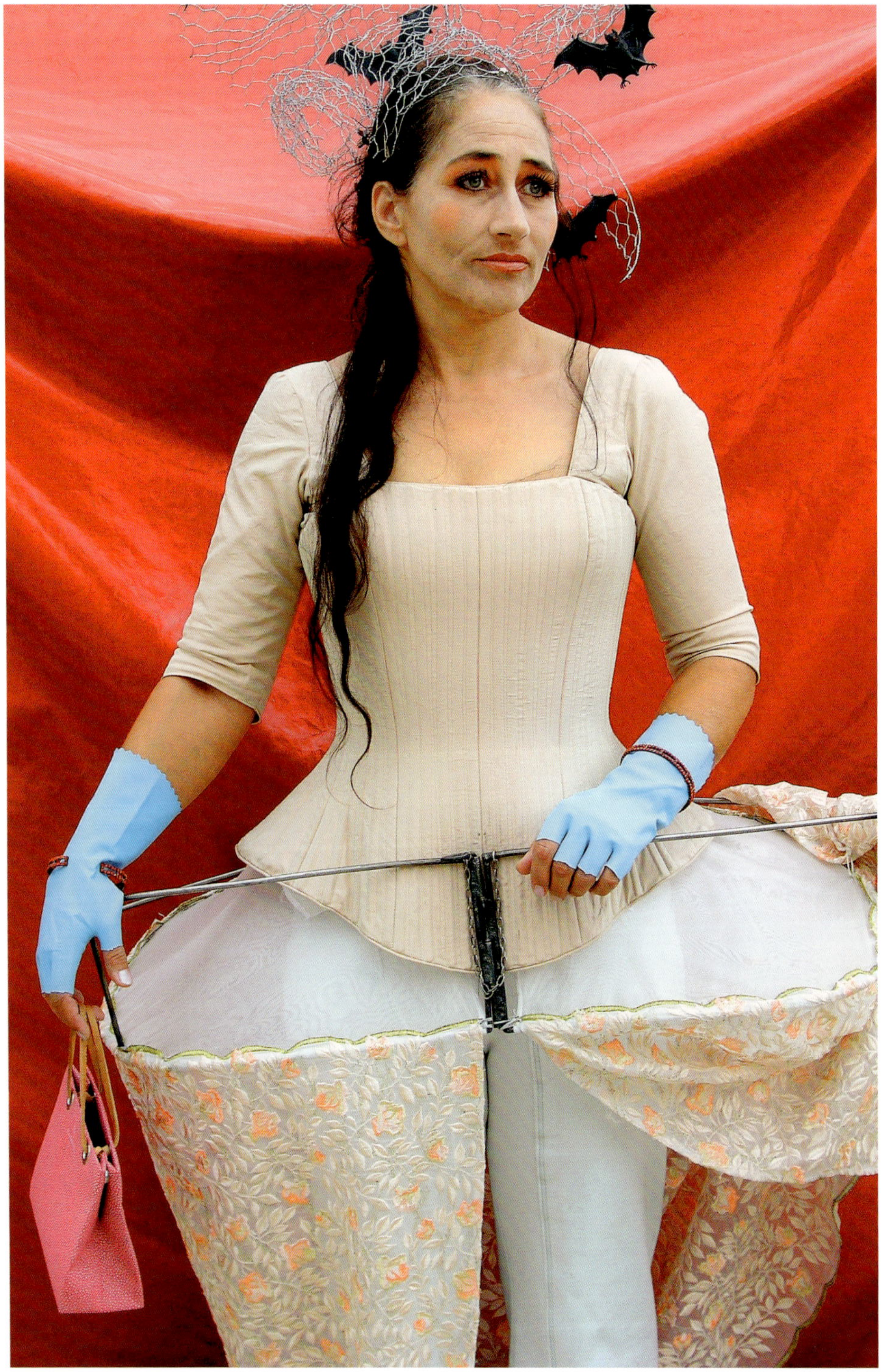

„Resultat" der Forschungsstudie „Das Wesen von Wien". The "result" of the research study on "the character of Vienna".

Wir wollen hier nur einige der Fragen anführen, die den insgesamt 117 Interviewten gestellt wurden, damit wir uns nicht zu sehr in Details verlieren. Die Antworten auf diese und noch weitere Fragen fügten sich zuletzt zu einem schillernden Mosaik zusammen, das – aus vielen einzelnen Teilchen bestehend – kein geschlossenes Bild ergab. Das war auch nicht zu erwarten gewesen, wie Cornelia Ehmayer in einem Resümee feststellte: „Gänzlich zu erfassen ist das Wesen von Wien sicher nie."

Das alles – und noch viel mehr – fragte die Psychologin ihre Runde: „Wenn du an Wien denkst, was macht das ‚typisch Wienerische' für dich aus?" – dabei ging es um Stimmungen, Gefühle, Gerüche, Geräusche, Farben, Plätze, Orte und Landschaften. „Kennst du bestimmte Erzählungen, Lieder oder Geschichten, bei denen du sagen würdest, das ist typisch für Wien?" „Was sind für dich angenehme Momente im städtischen Leben in Wien? Und was eher unangenehme Momente?" „Findest du, ist Wien eher eine Stadt zum Bleiben oder zum Gehen?"

Am Schluss lag ein breites Spektrum unterschiedlichster Antworten vor. Die meisten waren natürlich sehr persönlich gefärbt. Greifen wir – unsystematisch – ein paar davon heraus, einfach, weil sie viel über das Verhältnis der Menschen zu Wien aussagen. „Ich glaube, es ist ein Irrglaube, dass man woanders Zufriedenheit findet", bekannte ein Befragter, der lange im Ausland gelebt hatte. Oder, was die bereits erwähnte Ambivalenz Wiens betrifft: „Es macht gerade diese Stadt aus, dass sie in ihrer Widersprüchlichkeit jeden einlädt, sie als typisch zu empfinden."

Wien wird von den Menschen überdies als Schnittpunkt der Kulturen wahrgenommen: Hier gebe es ein „multikulturelles Ding, das in anderen Städten Österreichs einfach so noch nicht ist." Als besonderen Platz des Zusammentreffens nennen viele Befragte den Naschmarkt, einen „Ort, an dem sich die Wiener mischen: Migrantinnen und Migranten und Jugendliche bis zu den großbürgerlichen Anrainern."

Ein gutes Zeugnis wird den Treffpunkten der Jugendkultur, wie etwa den Szenelokalen oder den Clubs in Wien, ausgestellt. Dieser speziellen Jugendkultur wird nach Meinung der Interviewten in der Bundeshauptstadt größere Toleranz als anderswo in Österreich entgegengebracht: „Wie die Leute herumlaufen, es wird viel mehr toleriert."

Und worin sehen die Befragten das „Typisch Wienerische" – jene Besonderheiten, die Wien unverwechselbar machen? Da kam eine lange Liste zustande – jeder Mensch betrachtet die Stadt offenbar mit eigenen Augen: Schauen wir uns einmal an, was so alles als typisch für Wien empfunden wird: Der Bogen spannt sich von der Architektur und der Kulturstadt Wien über das öffentliche

personal tinge. We can select a few of these – unsystematically – simply because they tell us a lot about people's relationship with Vienna. "I think it's a fallacy that the grass is greener elsewhere," confessed one respondent who had spent a lot of time abroad. Or as regards the ambivalence of Vienna already mentioned: "What's special about this city is that it invites everyone to see its contradictions as typical."

Vienna is also seen by people as an interface of cultures. It has "a multicultural thing that other cities in Austria simply don't yet have." Many respondents named Naschmarkt as a particular meeting point, a "place where the Viennese fraternise with each other – immigrants, young people and even the nobs."

Meeting places of youth culture, for example trendy bars or clubs in Vienna, get a high mark. In the opinion of the respondents, this special youth culture is accorded greater tolerance in the capital than elsewhere in Austria. "The way people mill about is much more tolerated."

And what did respondents see as "typically Viennese" – special features that make Vienna different? It was a long list. Each respondent obviously regarded the city with individual eyes. Let us cast an eye over the things that are seen as typical of Vienna. They range from architecture and Vienna as a cultural city via the public transport system, the dialect, the *schmäh* (Viennese banter), the history of the city, the coffee house thing, Viennese cuisine, the left-wing grip on municipal politics, bureaucracy, ease of orientation and getting about, the quality of the environment and life, the weather and seasons, the diversity of opportunity, the beauty of the city, the cliché-ridden tourist Vienna and the inner city, down to colours, smells and sounds. Overall, this pot-pourri of "typical Vienna" adds up to a hymn of praise for the city, with some small dissonances that nonetheless do little to mar the overall positive impression. The

Viennese seem to love Vienna, and offcomers are of the same mind.

If we put some of these statements under the microscope, we learn much that is interesting about the broad landscape of the Viennese soul. "I think we're one of the nations who can best handle saying one thing and thinking the opposite." And if you know the rules, you understand that. Which once again brings us to the ambivalence that seems to be a kind of *éminence grise* in Vienna and has people firmly in its grasp.

The "left-wing city politics and bureaucracy" were likewise described as typically Viennese. And that was meant in a thoroughly positive way, as is evident from the transcriptions, even though it may not seem so at first sight. In the transcriptions, the left-wing city politics was apostrophised as *gemütlich* (homely). Everything was well-organised, they looked after people, and most things worked well. What more could one want? The city fathers of many countries could do with some coaching at Vienna City Hall.

Of course, the interviewees did not just see Vienna through rose-tinted spectacles. The study contains numerous critical observations about the city and its inhabitants. Like for example the Viennese way of doing things, which is not to everyone's taste. We are told the people in Vienna are ill-humoured, slow, dissatisfied, capricious, egotistical and a few other things, but also casual, *gemütlich*, and witty. Bear one thing in mind however about all these contradictory opinions: you cannot simply measure almost 2,000,000 people by the same yardstick. They all have different qualities or viewpoints. "Vienna Man" as such does not exist, nor could he.

Or maybe he does. In conclusion, Cornelia Ehmayer asked her interviewees to say what Vienna would look like as a person. An unusual question. Vienna would be a woman, the answers said, late 30s, 40, added another, going

Verkehrssystem, den Dialekt und den Schmäh, die Geschichte der Stadt, die Kaffeehauskultur, die Wiener Küche, die rote Stadtpolitik und die Bürokratie, die Überschaubarkeit und die kurzen Wege, die Umwelt- und Lebensqualität, das Wetter und die Jahreszeiten, die Vielfalt an Möglichkeiten, die Schönheit der Stadt, das klischeehafte, touristische Wien und die Innenstadt bis hin zu Farben, Gerüchen und Geräuschen. Im Großen und Ganzen entsteht aus diesem Potpourri an „typisch Wienerischem" ein Loblied für die Donaumetropole mit einigen kleinen Dissonanzen, die den positiven Gesamteindruck aber nur wenig zu stören vermögen. Der Wiener scheint Wien zu lieben, und die „Zuagroasten" schließen sich an.

Nehmen wir einige dieser Aussagen genauer unter die Lupe, erfahren wir manch Interessantes über das weite Land der Wiener Seele: „Ich glaube, wir sind eines der Völker, die am besten damit umgehen können, etwas zu sagen und das Gegenteil zu meinen." Und wer die Regeln kenne, verstehe das auch. Womit wir schon wieder bei der Ambivalenz sind, die in Wien eine Art allgegenwärtige graue Eminenz zu sein scheint und die Menschen fest im Griff hat.

Die „rote Stadtpolitik und die Bürokratie" wurden ebenfalls als typisch wienerisch genannt. Und das ist durchaus positiv gemeint, wie aus den wörtlichen Protokollen hervorgeht, obwohl es auf den ersten Blick nicht so scheinen mag. Da wird diese rote Stadtpolitik als „gemütlich" apostrophiert. Alles sei sehr organisiert, man sei um die Bürger bemüht und das meiste funktioniere gut. Was will man eigentlich mehr? Da könnten sich einige Stadtväter aus vieler Herren Länder im Wiener Rathaus um ein paar Nachhilfestunden bemühen.

Natürlich sehen die Interviewten Wien nicht nur durch die rosa Brille. Wir finden in dieser Studie manch kritische Bemerkung über die Stadt und ihre Bewohner. So, wenn es um die Wiener Art geht, die nicht von allen goutiert wird. Da lesen wir, die Menschen in der Donaumetropole seien schlecht gelaunt, langsam, unzufrieden, launisch, egoistisch und einiges mehr, aber auch locker, gemütlich und humorvoll. Bedenken wir bei diesen vielen, oft gegensätzlichen Meinungen jedoch eines: Fast zwei Millionen Menschen können wir nicht einfach über einen Leisten schlagen – jeder hat nun einmal ganz individuelle Eigenschaften und Ansichten. Den Wiener an sich gibt es nicht, kann es nicht geben. Oder vielleicht doch? Cornelia Ehmayer wollte von ihren Interviewpartnern abschließend noch wissen, wie Wien aussehen würde, wäre es eine Person. Eine ungewöhnliche Frage. Wien wäre eine Frau, heißt es da in den Antworten, Ende 30, 40, ergänzte ein anderer, der das auch konkretisierte: Eine ganz charakteristische Wiener Gestalt wäre eine ungefähr 40-jährige Büroangestellte, die ein bisschen vertratscht ist, in der U-Bahn nix sagt und böse schaut. Ein anderer stellt sich das Wesen Wien

even further: a very typical Viennese figure would be an office worker around 40, a bit gossipy, says nothing in the underground, and looks cross. Another view imagines the character of Vienna as "not unlikeable, a bit grumpy, a bit provincial and definitely not fashion-conscious". "Well-dressed", counters another interviewee. And how should we imagine this "character of Vienna" really looking? Costume designer Caterina Czepek took her inspiration from all the various statements and opinions to bring this artificial being to life: an older woman, oddly dressed with a nice skirt, tight corset, plus rubber gloves and slippers. Does anyone really imagine Vienna like that?

One thing clearly emerges from this study at any rate: the Viennese heart of gold beats as strongly as ever. The interviewees wanted inter alia a more aware treatment of older people; they wanted a roof over the heads of the homeless, and the Viennese to sit round the table with immigrants, and talk to them and do things together with them, that the integration and training of foreigners be promoted and accelerated – just to mention a few aspects that add a considerable social component to the character of Vienna. Many a sceptic would probably have considered this impossible.

To sum up the good news: the "character of Vienna" may be an odd creature in many people's eyes, but one thing is certain at any rate: its heart is in the right place. And there's a golden gleam to it.

„ein bissl sympathisch, ein bissl grantig, ein bissl provinziell und definitiv nicht modebewusst" vor. „Gut gekleidet", setzt ein weiterer Befragter einen Kontrapunkt. Und wie können wir uns das Aussehen dieses „Wesens Wien" nun tatsächlich vorstellen? Die Kostümbildnerin Caterina Czepek ließ sich von all den verschiedenen Aussagen und Meinungen inspirieren, um dieses künstliche Wesen zu kreiern: eine ältere Frau, seltsam gekleidet, mit schönem Rock, einem engen Korsett, dazu Gummihandschuhe und Schlapfen. Ob sich tatsächlich jemand die Wienerstadt so vorstellt?

Eines lässt sich aus dieser Studie jedenfalls deutlich herauslesen: dass das Goldene Wienerherz nach wie vor ganz kräftig schlägt. So wünschen sich die Befragten unter anderem einen bewussteren Umgang mit älteren Menschen, sie fordern, dass die Obdachlosen ein Dach über den Kopf bekommen, dass sich die Wiener an einen Tisch mit den Migranten setzen, mit ihnen reden und gemeinsame Sachen machen, dass Integration und Ausbildung von Ausländerinnen und Ausländern gefördert und beschleunigt werden – um nur einige Aspekte hervorzuheben, die dem Wesen Wien eine beachtliche soziale Komponente zugestehen. So mancher Skeptiker hätte dies wahrscheinlich nicht für möglich gehalten.

Das erfreuliche Resümee: Mag das „Wesen Wien" in den Augen vieler Menschen auch eine seltsame Figur sein – eines ist jedenfalls sicher: Das Herz hat es am rechten Fleck. Und es glänzt golden …

Das weite Land der Wiener Seele

The Vast Domain of the Viennese Soul

Das weite Land der Wiener Seele

Generationen von Denkern galt das Herz als Sitz der Seele – eine Vorstellung, die bis in die griechische Antike zurückreicht. Dass gerade die Wiener Seele ein wahrhaft weites Land ist, das zu entdecken sich lohnt, weiß man spätestens seit den Anfangstagen der in Wien begründeten Psychoanalyse. Das Goldene Wienerherz und die von Ambivalenz geprägte Wiener Seele – sie gehören untrennbar zusammen.

Die Seele des Menschen sei, so heißt es in Arthur Schnitzlers Tragikomödie „Das weite Land", ein „kompliziertes Subjekt". Da dieses im Jahr 1911 uraufgeführte Werk in Wien spielt, können wir Schnitzlers Feststellung auf den Wiener und seine Seele projizieren, und wir werden richtig liegen.

Ganz sicher ist der Bewohner der Donaumetropole in vielerlei Hinsicht kompliziert. Wie sollte es ein Besucher der Stadt auch anders sehen, wenn ihn ein Wiener zuerst mit nicht gerade feinen Worten provoziert, sich dann aber rasch versöhnlich zeigt, sei doch die vermeintliche Beschimpfung lediglich als eine Art Ritual gedacht gewesen. Oder: Dass ein Wiener über seine Stadt nörgelt, findet er in Ordnung – wagt dasselbe hingegen ein Außenstehender, treibt es dem Einheimischen die Zornesröte ins Gesicht. Der Psychoanalytiker Harald Leupold-Löwenthal interpretiert dies so: Des Wieners „Grant hat keine nachtschwarze Konsequenz, er ist mehr kokett als ernsthaft, der Grantscherm spielt gewissermaßen gekonnt eine Rolle, wobei er doch sehr auf seine Wirkung auf andere bedacht ist. Grant ohne Publikum macht eben doch keine Freud'!" Die Wiener Seele ist ein weites Land voll der Ambivalenz zwischen Gut und Böse, zwischen Weiß und Schwarz, zwischen Realität und Fiktion – und ein Fremder muss sich da erst einmal zurechtfinden. Der niederländische Komponist Bernard van Beurden beschrieb diese Ambivalenz einmal mit einem sehr treffenden Bild: „Der Österreicher hat eine Zweizimmerwohnung. Das eine Zimmer ist hell, freundlich, die ‚schöne Stube', gut eingerichtet, dort empfängt er die Gäste. Das andere Zimmer ist abgedunkelt, finster, verriegelt, unzugänglich, völlig unergründlich." Ersetzen

The Vast Domain of the Viennese Soul

To generations of thinkers, the heart was the seat of the soul, a notion that dates back to ancient Greece. That the Viennese soul in particular was a truly vast domain worth exploring was first realized by psychoanalysis, a Viennese invention. The Viennese heart of gold and the Viennese soul in all its ambivalence are inseparable.

According to Schnitzler's tragicomedy "Das Weite Land" (The Vast Domain), the human soul is a "complicated topic". As the play (premiered in 1911) is set in Vienna, we can project Schnitzler's observation on the Viennese and their souls. And hit the mark.

The inhabitants of Vienna are a complicated lot in many respects, that's for sure. How could a visitor to the city think otherwise when someone provokes him in no uncertain terms, then is immediately all soft soap, the supposed insult being intended only as a kind of ritual. Or a local grumbles about Vienna, and thinks that's OK – but flies off the handle if an outsider does the same.

Psychoanalyst Harald Leupold-Löwenthal interprets the phenomenon as follows: "[Viennese] bad temper has no purely nasty repercussions. It's more coquettish than serious. To some extent, people are experts at putting it on, so as to see what effect it has on others. Grumpiness without an audience really is no pleasure at all."

The Viennese soul is a vast domain full of ambivalence between good and evil, black and white, reality and fiction – and outsiders first need to take their bearings. Dutch composer Bernhard van Beurden once summed up this ambivalence with a pithy image: "The typical Austrian has a two-room flat. One room is light and friendly – a 'best' room that's well-furnished, where visitors are received; the other has the curtains drawn, is gloomy, locked, inaccessible and unfathomable." Just change 'Austrian' to 'Viennese', and you've pinpointed the essence of the Viennese soul.

Reality or fiction? Who knows whether the Viennese really mean everything they say? Harald Leupold-Löwenthal gave a talk analysing the impenetrability of the Viennese soul: "What you notice as a psychoanalyst when you come face to face with Viennese modern-day reality is the fact that everything that's raved and fantasized about doesn't exist. Are the Viennese – have they always been – really Viennese, or are they – have they always been – just putting on a Viennese act?"

The Viennese are also masters of repression, which allows them to deny reality. Anything they find unpleasant or which doesn't fit their preconceived notion of the world they studiously ignore. And anyone who draws their attention to it is himself immediately in the Viennese firing line, as psychiatrist Erwin Ringel pointed out in his book "The Austrian Soul": "It's weirdly logical and consistent that the great repressors in Austria are most bitterly opposed to the people who first saw through the mechanism of repression and to this day (and probably for all time) have pointed out valid ways of getting rid of it – Sigmund Freud and Alfred Adler. Where would we be if we admitted the truth about ourselves?" In this respect, the Viennese have shown themselves consistent – Freud, the founder of psychoanalysis, and Adler, the father of individual psychology, were more admired abroad than at home. The fact is, the Viennese don't like having a mirror held up to them.

wir das Wort „österreichisch" durch „wienerisch", haben wir den Kern der Wiener Seele erfasst.

Realität oder Fiktion: Wer weiß schon, ob ein Wiener alles tatsächlich so meint, wie er es sagt? Harald Leupold-Löwenthal analysierte die Undurchsichtigkeit der Wiener Seele in einem Vortrag: „Was einem als Psychoanalytiker aber auffällt, wenn man sich mit der Wiener Realität von heute konfrontiert, ist die Tatsache, dass alles, was da so phantasiert und in der Phantasie erlebt wird, nicht existiert! Sind und waren die Wiener wirklich Wiener oder waren und sind sie ‚Wiener Darsteller'?"

Meisterlich beherrscht der Wiener auch das Verdrängen, das ihm die Möglichkeit gibt, die Realität zu verleugnen. Was ihm unangenehm ist oder was nicht in sein vorgefasstes Weltbild passt, das übersieht er geflissentlich. Und wer ihn darauf aufmerksam macht, gerät selbst ins Visier des Wieners, wie der Tiefenpsychologe Erwin Ringel in seinem Buch „Die österreichische Seele" aufzeigt: „Es ist von unheimlich logischer Konsequenz, dass die Großverdränger in Österreich diejenigen am intensivsten ablehnen, welche zuerst den Mechanismus der Verdrängung durchschauten und bis heute und wohl zeitlos gültige Wege zu ihrer Aufhebung gewiesen haben: Sigmund Freud und Alfred Adler. Wohin kämen wir, wenn wir die Wahrheit über uns zuließen?" Die Wiener zeigten sich in dieser Hinsicht konsequent – Freud, Begründer der Psychoanalyse, und Adler, Vater der Individualpsychologie, fanden im Ausland größere Anerkennung als bei uns. Die Wiener lassen sich eben nicht gerne einen Spiegel vorhalten.

Freud stellte der Donaumetropole in dieser Hinsicht jedenfalls kein gutes Zeugnis aus: „Die Stadt Wien hat aber auch alles dazu getan, um ihren Anteil an der Entstehung der Psychoanalyse zu verleugnen. An keinem anderen Ort ist die feindselige Indifferenz der gelehrten und gebildeten Kreise dem Analytiker gegenüber so deutlich verspürbar wie gerade in Wien." In die gleiche Kerbe schlug Otto Friedländer 1948 in seinem Buch „Letzter Glanz der Märchenstadt": „Wien ist zwischen 1900 und 1910 einer der geistigen Mittelpunkte der Welt, und Wien hat davon keine Ahnung." Als Sigmund Freud dann gar noch sagte, „der Mensch ist nicht Herr seiner selbst", wandten sich die Wiener schockiert ab. Bis heute hat sich auf diesem Gebiet nicht viel geändert: Die Wiener sehen seelische Probleme und Krankheiten als einen Makel an, der zu einer gesellschaftlichen Ächtung führen könnte – und dies tatsächlich oftmals tut. Sie besuchen also ihre Psychiater höchstens im Geheimen und sprechen nicht darüber. Welch Unterschied zu den Amerikanern, die mit der Psychoanalyse viel unbefangener umgehen und beim Cocktail auch einmal die Adressen ihrer Psychiater austauschen …

Harald Leupold-Löwenthal

Sigmund Freud

Otto Friedländer

Alfred Adler

Erwin Ringel

Certainly Freud did not give his native city a good mark in this respect: "But the city of Vienna also did everything it could to deny its part in the genesis of psychoanalysis. In no other place do the educated and learned members of society make their hostile indifference to analysts felt as clearly as in Vienna itself." Otto Friedländer expressed a similar opinion in 1948 in his book "Letzter Glanz der Märchenstadt": "Between 1900 and 1910, Vienna is one of the leading intellectual centres of the world, and Vienna is totally ignorant of that." When Freud then even said, "man is not his own master," the Viennese averted their faces in shock. Not much has changed in this field since then. The Viennese see problems of the psyche and illnesses as a blot that can lead to social ostracism – and indeed it often does. So they visit their psychiatrists – at best in secret – and say nothing about it. How different from the Americans, who treat psychoanalysis with much less inhibition and even swap the addresses of their psychiatrists over cocktails.

As the Viennese soul is fundamentally conservative, the Viennese are, at the start, sceptical about everything new. As Jesus says in St Mark 6,4: "A prophet is not without honour but in his own country, and among his own kin, and in his own house." If we take the city of Vienna as kin and house, the winged words certainly apply here. In a "Speech about Austria" he gave in 1929, however, Anton Wildgans saw this attitude as far from negative, claiming it was flattering for Austrians, and particularly the Viennese: "People have attributed to Austrians ... a certain conservatism and standoffishness towards progress and anything new, and there is a degree of truth in that claim. Meantime, those to whom historical awareness and psychology have become instinct are not inclined to see just any change in circumstances as progress. And those with an old culture are too set in their ways and too self-assured in their tastes to take everything new as the clarion call of the gospel. ... Possibly

Szene aus „Der Verschwender", Aufführung am Wiener Burgtheater mit Josef Meinrad und Inge Konradi, 1955.
Scene from "Der Verschwender" with Josef Meinrad and Inge Konradi, staged at the Vienna Burgtheater in 1955.

Da die Wiener Seele im Grunde konservativ ist, zeigt sich der Wiener allem Neuen gegenüber zunächst einmal skeptisch. Ein Prophet, heißt es in der Bibel, gelte nirgends weniger als in seinem Vaterland und in seinem Haus. Lassen wir das Vaterland weg und nehmen wir statt des Hauses die Stadt Wien, dann trifft dieses geflügelte Wort auf jeden Fall zu. Anton Wildgans sieht diese Haltung in seiner „Rede über Österreich“ aus dem Jahre 1929 nicht negativ, ganz im Gegenteil. Sie sei schmeichelhaft für den Österreicher, im Speziellen für den Wiener: „Man hat dem österreichischen Menschen [...] einen gewissen Konservativismus und ein gewisses Zögern gegenüber dem Fortschritt und dem jeweils Neuen nachgesagt, und dieser Leumund hat etwas Wahres an sich. Indessen, wem historisches Bewusstsein und Psychologie zum Instinkt geworden sind, der neigt dazu, nicht gleich in jedem Wechsel der Dinge einen Fortschritt zu erblicken; und wer alte Kultur besitzt, der beruht zu sehr in sich und ist seines Geschmackes viel zu sicher, um in jedem Neuen allsogleich ein Evangelium zu vermuten. [...] Mag sein, dass er dabei nicht immer ganz auf der ‚Höhe der Zeit‘ einherschreitet, aber er wird dafür auch nicht so leicht und ahnungslos in ihre Abgründe stürzen. Mag sein, dass er das jeweils vorgeschriebene Tempo nicht ganz und gar mitmacht und nicht behende genug mittut im Veitstanze einer immer mehr entgleitenden Zivilisation, aber er wird dafür ein anderes bewahren, worauf es denn doch vielleicht einmal noch ankommen wird, wenn die Völker der Erde dereinst etwa nach anderen Maßen als denen der Gewalt- und Konkurrenzfähigkeit gezählt und gewogen werden sollten: das menschliche Herz und die menschliche Seele!“

Im weiten Land der Wiener Seele ist auch der Neid zu Hause – er wohnt versteckt in Bernard van Beurdens „zweitem Zimmer“ und vermag irgendwann auszubrechen. Die Neidgenossenschaft kennt viele Wege. So manchem Wiener fällt es etwa schwer, die Leistung eines anderen vorbehaltlos anzuerkennen. Und wenn er darauf aus ist, wird er immer ein Haar in der Suppe finden. Wie zwei Beispiele aus der Musik beweisen, tritt aber auch hier die Ambivalenz der Wiener Seele zutage: In Conradin Kreutzers „Hobellied“ aus Ferdinand Raimunds Zaubermärchen „Der Verschwender“ heißt es: „... da ist der allerärmste Mann dem andern viel zu reich“; ein Wienerlied von Rudolf Kronegger setzt den positiven Kontrapunkt: „I kenn kan’ Neid“. Zwei Seelen wohnen, ach, in der Brust des Wieners ...

Und noch an einem anderen Thema sei die Ambivalenz der Wiener Seele aufgezeigt. Immer wieder einmal bekommen wir zu hören, dass Wien eine Stadt sei, in der man nicht leben könne – aber ohne sie sei dies auch nicht möglich. So schrieb der in Linz geborene Schriftsteller Hermann Bahr 1907 in seinem Essay

they therefore do not always quite ride the crest of the wave of their time, but then nor do they so easily and unsuspectingly drown in its depths. Possibly they won’t quite keep up with the required pace or foot it featly enough in the St. Vitus’s dance of a civilisation coming off the rails, but they will preserve things that may yet come into their own again one day, when the peoples of the world will be weighed and counted according to quite different criteria than a capacity for violence and competition – the human heart and the human soul.”

Envy is also at home in the vast domain of the Viennese soul. It is hidden away there in Bernard van Beurden’s “second room”, and is capable of breaking out any time. The confederacy of envy finds numerous outlets. Many Viennese find it difficult to admire the achievements of others without qualification. And if they’re that way minded, they’ll always find fault with something. As two examples from music demonstrate, this is again where the ambivalence of the human soul shows up. A line in Conradin Kreutzer’s “Hobellied” from Ferdinand Raimund’s magical tale “Der Verschwender” says: “There, the poorest of them all is still too rich for everyone else,” to which Rudolf Kronegger’s folksy Viennese song positively ripostes: “I know no envy.” There are, alas, two souls in the Viennese breast.

And the ambivalence of the Viennese soul can be illustrated in another topic. Time and again we hear that Vienna is a place it’s impossible to live in – though also impossible to live without. As Linz-born writer Hermann Bahr said in his essay on Vienna in 1907: “If you listen to the Viennese, you’d think it a curse to live here – except no-one emigrates. They curse, grumble, grouse, and carp – each in his own way. But they stay. It seems they are unable to change anything or leave the city, the hated city they so despise.” Once you know the Viennese soul a little, that is a real compliment to the city. The great conductor Bruno Walter recognised that many artists seem to display this ambivalent attitude towards Vienna. Of himself, he said: "This ambivalence is not something I suffer from, as I find Vienna a wonderful city – to come back to. For that of course you need to keep leaving – in fact, and mentally." In contrast, Helmut Qualtinger observes laconically in deliberately provocative words: "Vienna's become unbearable, but so has everywhere else."

Death plays an important role in the Viennese soul. There was always something of that in music and literature, but it is also found in the Viennese longing for a "beautiful corpse" – that is, at a burial. "Death must be from Vienna," remarked writer and composer Georg Kreisler in his cynical way. It will therefore come as no surprise to discover how many expressions Vienna has for dying. Musician Roland Neuwirth found enough to make the lyric for a Viennese song out of it. How about a few samples? Someone's "turned up his toes", or "cleaned out the bank" or is "looking at potatoes from below" or has "done the loop" or "hit the stairs" or "flushed himself down the plughole" or "gone to see whether the lid fits."

The Viennese don't, of course, like to think about their own demise – that's one of many scenarios to be repressed. It's no contradiction that countless Viennese songs talk so much about death. Lyrics such as "When I pop off, I'll need a hackney to carry me, and zithers strumming along the way" are hardly a serious view of the end of human existence. No self-respecting Viennese would even want such serious stuff as music to go with his roast chicken and glass of wine at the *heurige* tavern.

Death, ambivalence, repression, grouchiness, envy, and yearning for the past – the Viennese soul is truly a vast domain worth exploring.

„Wien“: „Hört man den Wiener, so muss hier zu leben ein Fluch sein, aber keiner wandert aus. Er schimpft, er raunzt, er höhnt, je nach seiner Art. Aber er bleibt. Es scheint, dass er von der so geschmähten, so verhassten Stadt dennoch nicht lassen kann. Und er tut nichts.“ Wenn man die Wiener Seele ein bisschen kennt, ist das durchaus als Kompliment für die Donaumetropole zu lesen. Der große Dirigent Bruno Walter erkannte, dass viele Künstler dieses zwiespältige Verhältnis zu Wien haben. Über sich selbst sagte er: „Ich persönlich leide diesbezüglich nicht sehr unter Ambivalenz, denn ich finde, Wien ist eine wunderbare Stadt – um dorthin zurückzukommen. Man muss halt dazu immer wieder abreisen – äußerlich und innerlich.“ Helmut Qualtinger dagegen stellte in bewusst provokanter Diktion lakonisch fest: „Man kann es in Wien nicht mehr aushalten, aber anderswo auch nicht.“

Einen wichtigen Platz in der Seele des Wiener nimmt der Tod ein – das fand immer schon in Musik und Literatur Niederschlag, äußert sich aber auch in der Sehnsucht des Wieners nach einer „schönen Leich“, womit das Begräbnis gemeint ist. „Der Tod, das muss ein Wiener sein“, stellte der Dichter und Komponist Georg Kreisler in seiner zynischen Art fest. Da wundert es wenig, wie viele Ausdrücke die Wiener Mundart für das Sterben bereithält. Der Musiker Roland Neuwirth hat so viele davon zusammengetragen, dass er daraus den Text eines Wienerliedes formen konnte. Ein paar Kostproben gefällig? Jemand hat „an Abgang g'macht“, „a Bankl g'rissn“, „se d'Erdäpfel von unt angschaut“, „se d'Schleifn geb'n“, „die Stufn packt“, jemand „hat se obelassn“ oder „ist nachschaun gangen, ob der Deckl passt“.

Von seinem eigenen Tod spricht der Wiener allerdings nicht gerne – der gehört zu den vielen Dingen, die er verdrängt. Dass in unzähligen Wienerliedern so oft vom Tod die Rede ist, bedeutet allerdings keinen Widerspruch. Denn Texte wie „Wann i amal stirb, müss'n mi d' Fiaker trag'n und dabei Zithern schlag'n“ sind wohl nicht als ernsthafte Auseinandersetzung mit dem Ende des menschlichen Daseins zu betrachten. Der wollte sich der Wiener auch nicht stellen, wenn er beim Heurigen seine musikalische Beilage zu Wein und Backhendl serviert bekam!

Tod, Ambivalenz, Verdrängung, Raunzerei, Neid, Sehnsucht nach der Vergangenheit – die Wiener Seele ist ein wahrhaft weites Land, das zu entdecken sich lohnt!

Promis und das Goldene Wienerherz

Celebrities and the Viennese Heart of Gold

Promis und das Goldene Wienerherz

Ob golden glänzend oder tiefschwarz, ob butterweich oder zynisch-abgründig: Das Bild, das vom Goldenen Wienerherz gezeichnet wird, ist bunt, vielschichtig und oft auch widersprüchlich. Genährt wird es von großen Filmrollen, bitter-zarten Liedtexten, zur Legende gewordenen TV-Serien … und vielen ganz persönlichen Erfahrungen!

Es gibt Menschen, die mit dem Wienertum gleichsam einen Bund fürs Leben geschlossen haben – und Symbole dieser Stadt, ihrer Bewohner und der in vielen Facetten schillernden Szene in der Donaumetropole geworden sind. Der unvergessliche Volksschauspieler Hans Moser fällt uns dazu als einer der Ersten ein. Er brachte typisch wienerische Figuren auf Filmleinwand und Bühne, so etwa im Lichtspiel „Schrammeln" (1944) Anton Strohmayer, Mitglied des legendären Schrammel-Quartetts und einer der besten Gitarristen seiner Zeit. Auf den Leib geschneidert schien Hans Moser die Rolle des Zauberkönigs in Ödön von Horvaths „Geschichten aus dem Wienerwald", die er bereits bei der Uraufführung am 2. November 1931 am Deutschen Theater Berlin und dann 30 Jahre später nochmals in der Fernsehfassung des Stücks spielte. So wie Hans Moser stellen sich viele den „echten Wiener" vor: Selbst wenn er manchmal raunzt oder grantig ist, in seiner Brust schlägt das gern und oft zitierte Goldene Wienerherz.

Ein Wiener, wie er leibt und lebt – das war auch Paul Hörbiger, dessen Wege sich in den Filmstudios oft mit jenen Hans Mosers kreuzten. Beispielsweise bei den bereits erwähnten „Schrammeln" – da sahen wir Hörbiger als Johann Schrammel. Oder in „Hallo Dienstmann" (1952) und „Ober, zahlen!" (1957), wo beide als gleichwertige Hauptdarsteller mitwirkten, keiner sollte im Schatten des anderen stehen. Unvergleichlich waren Hörbiger und Moser überdies als Interpreten des Wienerliedes; ihre Platten liegen noch heute in den Läden auf.

Ein Urwiener ganz anderer Prägung war Oskar Werner. Auf der Bühne – unter anderem jener des Wiener Burgtheaters – spielte er Klassiker, von Grillparzer über Shakespeare bis Schiller und Goethe, aber erst durch den Film wurde er weltbekannt. „Lola Montez" (1955), „Das Narrenschiff" (1965) oder „Fahrenheit

Celebrities and the Viennese Heart of Gold

Whether tinged with gold or black as hell, soft as butter or cynically inscrutable – the image conjured up by the Viennese heart of gold is colourful, complex and often contradictory. It is nourished by memories of the film greats, bitter-sweet song lyrics, legendary TV series, and many very personal experiences.

There are people who seem to have had a lifelong symbiotic relationship with Vienna, and have become symbols of the city, its inhabitants and the many facets of its pulsating life. The unforgettable Hans Moser comes to mind as one of the first examples. The figures he portrayed on stage and screen were typically Viennese, like Anton Strohmayer in the film "Schrammeln" (1944). Strohmayer was a member of the legendary Schrammel Quartet and one of the best guitarists of his day. The role of Marianne's hard-hearted father in Ödön von Horváth's "Tales of the Vienna Woods" seemed tailor-made for him. He took on the role at the premiere of the play at the Deutsches Theater in Berlin on 2nd November 1931, and again in the TV version 30 years later. Many see in Hans Moser the epitome of the "real Viennese". Even if he is sometimes grumpy or grouses, his heart is in the right place. After all, it's made of gold.

Another who was Viennese to the core was Paul Hörbiger, who often crossed paths with Hans Moser in the film studios – as for example in "Schrammeln", where Hörbiger played Johann

Schrammel. Or again in "Hallo Dienstmann" (1952) and "Ober, zahlen!" (1957), where both played leading roles. Neither overshadowed the other. Hörbiger and Moser were moreover unparalleled interpreters of Viennese songs – their recordings are still available in the shops.

An archetypal Viennese of a different kind was Oskar Werner. On stage, for example at the Burgtheater, he did classic roles from Grillparzer via Shakespeare to Schiller and Goethe, but it was in films he gained an international reputation. "Lola Montez" (1955), "Ship of Fools" (1965) and "Fahrenheit 451" (1966) were international hits. Werner was also in the cast of "Eroica" (1949), as the nephew of Beethoven (played by Ewald Balser). A few years later he himself played a composer genius as the superb lead character in "Mozart" (1955). In Austria, his performance was particularly valued not only for the acting but also for the Viennese tinge of his voice. In Germany, this aroused less enthusiasm, and when his international roles were synchronized for Germany, they were handed to another actor who did not sound as "irritatingly" Viennese as Werner.

By now, it is surely clear that the "Viennese heart of gold" was not merely the invention of writers and composers, lending the city particularly human traits, but also exists in real life. But how do we define it? We asked people closely associated with Vienna and in some way right in the thick of things – between Stephansplatz and Kahlenberg – i.e. celebs: "What does the 'Viennese heart of gold' mean to you?" and "Does it still exist today?"

Elfriede Ott is a star of stage and small screen – for example, in her role in the popular 1980s TV series "Die liebe Familie" – who has always been able to conjure up that genuine Viennese touch. In her long life, she has witnessed many fine things and not so fine things in Vienna, and is sceptical about the heart of gold:

451" (1966) wurden internationale Erfolge. Oskar Werner stand aber auch auf der Besetzungsliste des 1949 entstandenen Streifens „Eroica", in dem wir ihn als Neffen des von Ewald Balser gespielten genialen Tondichters sahen. Wenige Jahre später, 1955, mimte er in „Reich mir die Hand mein Leben" selbst einen Komponisten – Wolfgang Amadeus Mozart. Neben seiner Darstellungskunst wurde besonders Oskar Werners Stimme mit ihrer charakteristischen Wiener Färbung geschätzt. Die löste allerdings im Ausland wenig Begeisterung aus: Wenn seine internationalen Filme in Deutschland synchronisiert wurden, sprach ein anderer Schauspieler Werners Rollen – ohne „störenden" wienerischen Klang.

Dass das Goldene Wienerherz nicht nur in Köpfen von Dichtern und Komponisten geboren wurde, um der Wienerstadt besonders menschliche Züge zu verleihen, dass es auch im realen Leben existiert, ist uns mittlerweile klar. Wie aber lässt es sich definieren? „Was verstehen Sie unter dem Goldenen Wienerherz?" und „Gibt es das Goldene Wienerherz heute noch?" – das haben wir Menschen gefragt, die in enger Verbindung zu Wien stehen, die zwischen Stephansdom und Kahlenberg „dazugehören", sogenannte Prominente also.

Elfriede Ott vermochte aus so mancher Figur auf der Bühne wie auf dem Bildschirm – so etwa als Mitglied der in den 1980er-Jahren populären TV-Serie „Die liebe Familie" – unverfälschtes Wienertum hervorzuzaubern. Die Schauspielerin, die in ihrem langen Leben viel Schönes und weniger Schönes in Wien gesehen hat, zeigt sich skeptisch in Sachen Goldenes Wienerherz: „Ich kann nicht sagen, was ich darunter verstehe, denn ich kenne es nicht. Vielleicht hat es einmal diese Gemütlichkeit gegeben, was ich auch bezweifle. Aber eines steht fest: Dieses ‚Wiener Herz' drückt sich nur in der Musik aus, wienerische Melodien sind das ‚Goldene'." Ausschließlich pessimistisch ist Elfriede Ott jedoch nicht: „Es gibt heute noch Goldene Wienerherzen, das sind die, die sich um arme Kinder, alte Menschen, gequälte Tiere kümmern. Doch diese seltenen Eigenschaften finden wir überall."

Und dann erwähnt die Kammerschauspielerin und Doyenne des Theaters in der Josefstadt noch die „goldenen wienerischen Melodien". Auf diesem Gebiet ist sie zu Hause: Ihr Programm „Phantasie in Ö-Dur" ist ebenso legendär wie ihre Interpretation von Altwiener Komödienliedern, die sie zum Teil selbst in Archiven aufgespürt hat. Und wenn jemand Nestroy so schätzt wie Elfriede Ott, dann kennt er viele Facetten des Wienerherzens …

Filmemacher Reinhard Schwabenitzky erblickte zwar im Salzburger Rauris das Licht der Welt – aber das Wienertum bestimmt seit jeher seine Arbeit. Denken

Oskar Werner vor einer Vorstellung. Oskar Werner getting ready for a performance.

Oskar Werner als Karl van Beethoven im Film „Eroica", 1949. Oskar Werner as Karl van Beethoven in the film "Eroica", 1949.

Elfriede Ott in „Grillparzer und Käthe Fröhlich" von Hans Weigel, 1969. Elfriede Ott in "Grillparzer and Käthe Fröhlich" by Hans Weigel, 1969.

Filmszene aus „Die Unabsichtliche Entführung der Frau Elfriede Ott". Scene from the film "Die Unabsichtliche Entführung der Frau Elfriede Ott".

"I couldn't say what it means to me, as I don't know it. That supposed *gemütlichkeit* may have existed once, but I doubt it. One thing is certain, though: that 'Viennese heart' is expressed only in music; Viennese tunes are what's 'golden'." And yet she is not wholly pessimistic: "There are still Viennese with hearts of gold today. They're the ones who care about poor children, the old and the abuse of animals. But those are rare qualities you find anywhere."

And then the doyenne of the Theater in der Josefstadt mentions the "golden tunes of Vienna" again. That is her forte. Her album "Phantasie in Ö-Dur" is as legendary as her interpretation of old Viennese comic songs, some of which she dug out of the archives herself. Anyone who values Nestroy as much as Elfriede Ott is certainly familiar with many aspects of the Viennese heart.

Though film director Reinhard Schwabenitzky first saw the light of day in Rauris (Salzburg province), his work has always been characteristically Viennese. We only need think of grouchy, tyrannical, working-class father Edmund "Mundl" Sackbauer in the unforgettable 1970s TV series "Ein echter Wiener geht nicht unter". Many viewers refused to accept his portrait as a true reflection of themselves, even though they readily laughed at his often very ribald, vulgar sayings. Prima facie he does indeed have no traits you could identify with. He comes across as a blustering, primitive bully who thinks mainly about beer and schnaps. Only when you look closer at a type you find often enough in Vienna do you notice that the heart behind the coarse façade is as soft as they come.

Schwabenitzky's 65-episode 1990s' TV series "Kaisermühlen Blues" upset a whole suburb. The people in this part of Vienna's 22nd district didn't mince words. "People here don't talk so vulgar," came the indignant comment from

Szenen aus „Ein echter Wiener geht nicht unter". Scenes from "Ein echter Wiener geht nicht unter".

Karl Merkatz als „Mundl" Edmund Sackbauer. Karl Merkatz as Edmund aka "Mundl" Sackbauer.

Regisseur Reinhard Schwabenitzky. Director Reinhard Schwabenitzky

Szenen aus dem „Kaisermühlen Blues". Scenes from "Kaisermühlen Blues".

wir nur an „Mundl“ Edmund Sackbauer, dem Titel der bis heute unvergessenen Fernsehserie aus den 1970er-Jahren nach ein „echter Wiener“. Viele Menschen in der Stadt wollen ihn zwar nicht als Spiegelbild ihrer selbst akzeptieren, lachen aber gerne über seine oft sehr deftigen, ordinären Sprüche. Auf den ersten Blick hat er tatsächlich keine Charakterzüge, mit denen man sich identifizieren möchte – ein polternder Tyrann, primitiv, dem vor allem sein Bier und sein Schnaps wichtig scheinen. Erst wenn man sich näher mit dieser Figur befasst, die wir in Wien gar nicht so selten finden, merken wir, dass hinter der groben Fassade ein weiches Herz schlägt.

Über Schwabenitzkys „Kaisermühlen Blues“ vermochte sich ein ganzer Stadtteil zu empören. In der 65-teiligen Fernsehserie aus den 1990er-Jahren redeten die in diesem Grätzel des 22. Wiener Gemeindebezirks angesiedelten Figuren nämlich, wie ihnen „der Schnabel gewachsen ist“. „So ordinär wird bei uns nicht gesprochen“, tönte es entrüstet aus Kaisermühlen. Worauf ein Reporter einer Tageszeitung eine aktuelle Reportage vor Ort machen wollte. Er setzte sich unerkannt in ein Beisl, zeichnete die Gespräche der Gäste akribisch genau auf und veröffentlichte diese kommentarlos. Fazit: Die „echten“ Dialoge waren von jenen im „Kaisermühlen Blues“ nicht zu unterscheiden. Offenbar wollten die Menschen aus dem Grätzel sich nicht im (Fernseh-)Spiegel betrachten … Keinen Grund zur Aufregung lieferte den Menschen in Kaisermühlen hingegen der Inhalt der Serie. Denn darin wurden die Wiener so gezeigt, wie sie sich selbst gerne sehen: mit einer rauen Schale, hinter der das Goldene Wienerherz schlägt. Das gefiel natürlich, und darum wurde die Serie trotz des Sturms im Wasserglas ein großer Erfolg.

Wenn Reinhard Schwabenitzky über das Goldene Wienerherz philosophiert, klingt das fast wie ein Loblied auf die Menschen in der Donaumetropole: „Gibt es das Goldene Wienerherz heute noch? Mir ist aufgefallen, dass die meisten Wiener das Positive wenigstens in dem Moment ernst meinen, wenn sie es sagen. Wenn das das Goldene Wienerherz ist, dann existiert es noch. Ich bin zum Teil in Floridsdorf aufgewachsen, im 21. Bezirk, habe in Wien studiert und lange in Wien gelebt. Ich fahre immer wieder gerne hin, glaube also, Wien von innen und außen relativ gut zu kennen. Was mir besonders gefällt: Der Wiener ist weniger hektisch als andere Großstädter, und er ist ein Genießer.“ Gut beobachtet. Und erfreulich für die Wiener.

Apropos „Kaisermühlen Blues“: Wer erinnert sich nicht an die redselige Hausmeisterin Leopoldine Turecek, jene Urwienerin, die mit ihrer Meinung nicht hinterm Berg hält, die alles sagt, was sie sich denkt, und dabei deutlich ihr gutes Herz zeigt. Brigitte Neumeister hat sie dargestellt. Und was meint die Schauspielerin über das Goldene Wienerherz? „Es ist a bisserl auf Urlaub gegangen,

Kaisermühlen. This prompted a reporter from a daily paper to go there and do some spot research. He sat unrecognized in a hostelry and meticulously recorded people's conversations, which he then published without comment. The conclusion? The "real" conversations were indistinguishable from those in "Kaisermühlen Blues". Obviously people from the area didn't like having a mirror held up to them – especially on TV.

But the actual substance of the series offered no cause for offence in Kaisermühlen. The Viennese were presented just as they like to be seen – a rough exterior concealing a heart of gold. That was naturally just the ticket, which is why the series was a hit despite the storm in a teacup.

When Schwabenitzky philosophises about the Viennese heart of gold, it almost sounds like a panegyric of Vienna Man. "Does the Viennese heart of gold still exist today? It strikes me that most Viennese mean anything positive seriously at least when they say it. If that's the Viennese heart of gold, it still exists. I grew up partly in Floridsdorf, the 21st district, studied in Vienna and lived in Vienna for many years. I like going there, so I think I know Vienna inside and out relatively well. What I particularly like is that the Viennese are less hectic than metropolitan types elsewhere, and he enjoys things." Well-observed. Something to delight the Viennese.

Apropos "Kaisermühlen Blues": who doesn't remember its archetypal Viennese character Leopoldine Turecek, the garrulous concierge who never beats about the bush, says everything aloud that runs through her mind and yet is palpably a kindly soul. She was played by Brigitte Neumeister. What is the actress's view of the Viennese heart of gold? "It's gone AWOL, which is the fault of prosperity. But when it matters, it turns up soon enough."

In his songs, Rainhard Fendrich is a critical spirit. He zeroes in on people's weaknesses and bad qualities, holding up a musical mirror to people where the Viennese heart of gold is often seen from its pure black side. In his ballad "Sonntag Nachmittag", for example, he deftly draws a sad image of an elderly man put away in an old people's home, waiting in vain weekend after weekend in his Sunday best for a visit from his relatives. He seems forgotten by everyone. "Es lebe der Sport" shows a quite different but no less dark side of the Viennese heart, denouncing spite, schadenfreude and indolence in music. And in "Haben Sie Wien schon bei Nacht gesehn", Fendrich unmasks favourite truisms. The singer never gets really nasty. Viennese humour always wins out, toning down an otherwise harsh message.

Fendrich and the Viennese heart of gold – how do they get on together? We leave Rainhard to tell us himself: "The Viennese heart of gold was a film industry invention from the days of the great films involving Hans Moser and Peter Alexander among others. It died along with Hans Moser. But there is a new heart of gold that is very much alive. The Viennese are very obliging, and world champions in giving to charity." The Viennese like to hear that sort of thing.

Another song writer and singer whose music revolves around Vienna is Horst Chmela. His "Ana hat immer des Bummerl" has long become a classic. It is the lament of one of life's permanent losers. Chmela tells us a little story to illustrate what he thinks about the Viennese heart of gold: "There were and certainly still are people who do good. By that, I don't mean people who, when there's an appeal in the media, cough up smaller or larger amounts in order to get a mention in the papers or on TV. Nor even sponsors who do deals with their 'generosity' and save on tax into the bargain. I mean people who selflessly help others on the quiet. And it's not always a matter of money, and certainly

was dem Wohlstand anzulasten ist. Doch wenn's drauf ankommt, kehrt es rasch wieder heim."

In seinen Liedern ist Rainhard Fendrich ein kritischer Geist. Er nimmt die Schwächen und schlechten Eigenschaften der Menschen aufs Korn und hält den Leuten einen musikalischen Spiegel vor, in dem das Goldene Wienerherz oft von seiner tiefschwarzen Seite zu sehen ist. In seiner Ballade „Sonntag Nachmittag" etwa zeichnet er das traurige Bild eines betagten Menschen, der ins Altersheim abgeschoben wurde und dort Sonntag für Sonntag in seinem besten Anzug vergeblich auf einen Besuch seiner Angehörigen wartet. Es ist, als hätten ihn alle vergessen ... „Es lebe der Sport" zeigt eine ganz andere, nicht minder dunkle Seite des Wienerherzens – Bosheit, Schadenfreude, Faulheit werden musikalisch angeprangert. Und in „Haben Sie Wien schon bei Nacht gesehn" entlarvt Fendrich so manches liebgewordene Klischee. Wirklich bösartig wird der Sänger allerdings nie, der Wiener Schmäh klingt überall durch und mildert so manches harte Wort.

Fendrich und das Goldene Wienerherz – in welchem Verhältnis stehen die beiden zueinander? Lassen wir Rainhard selbst zu Wort kommen: „Das Goldene Wienerherz war eine Filmerfindung aus der Zeit der großen Streifen um Hans Moser sowie unter anderen Peter Alexander. Mit dem Tod von Hans Moser ist es gestorben. Doch es gibt ein neues Goldenes Herz, das sehr lebendig ist: Die Wiener sind heute sehr hilfsbereit und Weltmeister im Spenden." Das lassen sich die Wiener wohl gerne nachsagen!

Zu den Liedermachern und Sängern, deren Musik sich um Wien dreht, zählt auch Horst Chmela. Längst zum Klassiker wurde „Ana hat immer des Bummerl", die Klage eines Menschen, der im Leben stets auf der Verliererseite steht. Wie Chmela das Goldene Wienerherz sieht, erzählt er in einer kleinen Geschichte: „Es gab und gibt bestimmt auch heute noch Menschen, die Gutes tun. Ich meine damit nicht jene Leute, die bei gewissen Aufrufen in den Medien mehr oder weniger spenden, um dann in Gazetten oder TV ihren Namen zu lesen. Aber auch nicht jene Sponsoren, die mit ihrer ‚Großzügigkeit' Geschäfte machen und dabei noch Steuern sparen, sondern jene stumm-stillen Menschen, die anderen Leuten selbstlos helfen. Und dabei kommt es nicht immer aufs Geld an, und schon gar nicht auf die Höhe der Summe. Oft sind Freundschaft, Zuneigung, Verständnis, Ansprache und natürlich auch Liebe ein viel größerer Rückhalt im Leben eines Mitmenschen, Freundes oder Partners.

So bin ich der Meinung, dass das Goldene Wienerherz im vergangenen Jahrhundert, nach den beiden Weltkriegen, bestimmt öfter zu finden war als heute.

Georg Danzer, Rainhard Fendrich, Wolfgang Ambros

Horst Chmela

not the amount involved. Often friendship, affection, understanding, consideration and of course love are a much greater support in the life of a fellow human, friend or partner.

So my view is that the Viennese heart of gold was definitely more often found in the last century, after the two world wars, than it is today. People had very little or nothing at all. As (with my age) I lived through those times – there were five of us in one room, kitchen, loo and water in the corridor – even now I'm still grateful to old Mrs Hubik next door who slipped me a schilling for chocolate from time to time. Or Mrs Hofmann, where my mother was domestic help, who often had a meal ready for us children.

What I call the Viennese heart of gold is my mother putting the little she had on the table for friends she brought home, and once a week even spoilt a group of old ladies – she called them 'my silvery heads' – with tea and bread and dripping. There are undoubtedly people with similar feelings today who prove on the quiet and without making a fuss that they have a Viennese heart of gold. But not that many any more. There are more and more people, but fewer and fewer human beings. This last line comes, incidentally, from one of Chmela's songs.

The manager of Chmela's fan club, Helga Teumner, experienced the singer's own Viennese heart of gold at first hand. "When I lost my job in Germany, I suddenly found myself homeless with three children and a sick mother, Chmela allowed me to use his home in the country for a holiday without charge. Much later, when my mother died and the children had left home, I fulfilled my dream and moved to the wine district in Lower Austria. That was only possible because Chmela and his whole family helped me out. That's a real Viennese heart of gold."

Popular Viennese singer Oskar Kainz also has a heart of gold. In his case, he can take it literally, and actually look at it, since he was accorded the "Viennese Heart of Gold" award by the Robert Posch Society, which cultivates and promotes *wienerlieder*, for his services to the now almost forgotten genre. The award was a well-earned. Along with holding down his job at Vienna's City Hall, he has worked for the music of his native city for decades, and in the age of pop music, it has been a tough call. He puts Viennese specialities on stage and CDs. A TV show of his own, such as he had long dreamed of, on the model of legendary entertainer, singer and actor Heinz Conrads, never came Kainz's way, alas. When asked about the Viennese heart of gold, he, like many others, is immediately reminded of Hans Moser as a typical representative. Moser has indeed long become a symbolic figure. And then Kainz talks about doing good, about personally helping the disabled and the young as well: "If I can help a young person find a job, I feel good." But Oskar Kainz is particularly happy when he finds himself singing to old people, as he often does, and when his jokes cheer up the audience. "That's my version of the Viennese heart of gold. I find it really nice if I can give other people pleasure."

Viennese mayor Michael Häupl is in a way the "head honcho" of Vienna, so that he is familiar with the Viennese heart of gold in all its various varieties and shades. When, after the artistes, we ask him as a politician what he thinks on the subject, he says: "There are a great variety of ways you can explain what makes up the Viennese heart of gold, depending on your approach, i.e. positive, pure noir, unfathomable, transfiguring or cynical. To me, the Viennese heart of gold means in a positive sense the open-hearted way people in this city help those in need. The people of Vienna showed it impressively in 1956 during the Hungarian crisis, in 1968 during the Prague Spring, in the eighties during the upheavals in Poland, not to forget during the Balkan Wars in the nineties. It was

Die Leute hatten nicht viel, wenig oder gar nichts. Da ich in meinem Alter diese Zeiten – wir waren fünf Personen auf Zimmer, Küche, Klo und Wasser auf dem Gang – auch miterlebt habe, bin ich heute noch der alten Frau Hubik von nebenan dankbar, die mir ab und zu einen Schilling für Schokolade zusteckte. Oder der Frau Hofmann, bei der meine Mutter putzte und die für uns Kinder oft auch eine Mahlzeit bereit hatte.

Dass meine Mutter das wenige, das ihr zur Verfügung stand, noch mitgebrachten Freunden auftischte und sogar einmal in der Woche eine Runde alter Damen – sie nannte sie ‚meine Silberlocken' – mit Schmalzbrot und Tee verwöhnte, das nenne ich das Goldene Wienerherz. Bestimmt finden wir noch heute Menschen mit ähnlichen Gefühlen, die im Verborgenen und ohne viele Worte darüber zu verlieren ihr Goldenes Wienerherz beweisen, jedoch sicher nicht mehr allzu viele. Es gibt immer mehr Leute, aber immer weniger Menschen." Der letzte Satz stammt übrigens aus einem Lied Horst Chmelas.

Die Leiterin von Chmelas Fanclub, Helga Teumner, durfte erleben, welch Goldenes Wienerherz der Sänger selbst besitzt: „Als ich meinen Job in Deutschland verlor, mit drei Kindern und einer kranken Mutter plötzlich auf der Straße stand, durfte ich kostenlos Urlaub in Chmelas Landhaus machen. Viel später, als meine Mutter starb und die Kinder aus dem Haus waren, erfüllte ich mir meinen Traum und zog nach Österreich ins Weinviertel. Dies war nur möglich, weil mir die ganze Familie Chmela unter die Arme griff. Das ist das wahre Goldene Wienerherz."

Ein Goldenes Wienerherz besitzt auch der in Wien beliebte Sänger Oskar Kainz – er darf das allerdings wörtlich nehmen und kann es sogar betrachten: Kainz bekam nämlich von der Wienerlied-Vereinigung „Robert Posch", die sich der Pflege und Förderung des Wienerlieds verschrieben hat, die Auszeichnung „Goldenes Wienerherz" für seine Verdienste um das heute schon fast in Vergessenheit geratene Wienerlied. Die hat er sich redlich verdient, bemüht er sich doch neben seinem Job im Wiener Rathaus schon seit Jahrzehnten um die Musik seiner Heimatstadt, die im Zeitalter des Pop hart um ihre Existenz kämpfen muss. Er bringt Wienerisches auf die Bühne und auf CDs – eine eigene Fernsehshow nach dem Vorbild des legendären Entertainers, Sängers und Schauspielers Heinz Conrads, von der er immer geträumt hat, war Kainz leider nicht vergönnt. Wenn man ihn nach dem Goldenen Wienerherzen fragt, fällt ihm – wie so vielen anderen – zunächst einmal als typischer Repräsentant Hans Moser ein, der längst zu einer Symbolfigur geworden ist. Und dann spricht Kainz von Wohltätigkeit, von persönlicher Hilfe für Behinderte, aber auch für junge Menschen: „Wenn ich einem Jugendlichen bei der Postensuche helfen kann, dann gibt mir das viel."

Heinz Conrads

this Viennese heart of gold that helped all the people who came to us in distress at the time, and found them somewhere to live, and clothes and food. And we're right to be proud of that."

The mayor is certain that the Viennese heart of gold still throbs: "Of course, because that's the make-up of our city. After all, it's no accident that, for the second time in a row, we have been voted the city with the best quality of life worldwide." Nothing more needs to be said.

Besonders glücklich ist Oskar Kainz aber, wenn er, wie so oft, vor Senioren singt und seine Späße bei den Zuschauern für Heiterkeit sorgen: „Das ist meine Variante des Goldenen Wienerherzens. Es ist einfach schön für mich, wenn ich anderen Menschen eine Freude bereiten kann."

Bürgermeister Michael Häupl ist gewissermaßen der „Oberwiener" – und da kennt er natürlich das Goldene Wienerherz in den verschiedensten Spielarten und Schattierungen. Fragen wir nach den Künstlern ihn als Politiker, was er zu diesem Thema meint: „Es gibt eine Vielzahl von Erklärungsansätzen – positive, tiefschwarze, abgründige, verklärende und zynische –, was denn das Goldene Wienerherz eigentlich ausmacht. Für mich ist das Goldene Wienerherz im positiven Sinne die Offenherzigkeit der Menschen dieser Stadt, mit der sie Menschen in Not helfen. Das haben die Wienerinnen und Wiener 1956 während der Ungarnkrise, 1968 während des Prager Frühlings, in den Achtzigerjahren während der Umwälzungen in Polen und nicht zuletzt während der Balkankriege in den Neunzigerjahren eindrucksvoll bewiesen. Es ist dieses Goldene Wienerherz gewesen, das all den Menschen, die damals in Not zu uns gekommen sind, geholfen hat, ihnen einen Platz zum Wohnen, Kleidung und Essen gegeben hat. Und darauf können wir mit Recht stolz sein."

Der Bürgermeister ist sicher, dass das Goldene Wienerherz auch heute noch schlägt: „Selbstverständlich, denn genau das macht ja unsere Stadt aus. Es kommt schließlich nicht von ungefähr, dass wir bereits zum zweiten Mal hintereinander zur Stadt mit der besten Lebensqualität weltweit gewählt worden sind." Dem ist nichts hinzuzufügen.

„Wo man singt,
da lass dich ruhig nieder!"

"If They're Singing, Make Yourself at Home"

12 Leben
DIE ZEIT Nr. 37 7. September 2000
ICH HABE EINEN TRAU
»Mit einem Schrei bin ich vorletzte Nacht wach geworden, saß kerzengerade im Bett, war völlig verschwitzt. Ich sah dieses Mädchen vor mir, eingeschlossen in

„Wo man singt, da lass dich ruhig nieder!"

„Wo man singt, da lass dich ruhig nieder, denn böse Menschen haben keine Lieder", heißt es so treffend in einem alten Sprichwort, das wie zugeschnitten scheint auf das Wesen des Wieners. Ob als makellos golden apostrophiert oder „med ana schwoazzn dintn" gezeichnet: Wienerlied und Literatur, Kabarett und Austropop schufen einen variationsreichen Mythos des Wienerherzens.

Das Goldene Wienerherz hat viele Spuren hinterlassen: in der Musik von Joseph Haydn bis Wolfgang Ambros, in der Literatur bei Johann Nestroy, Josef Weinheber, H. C. Artmann und vielen anderen, im Kabarett bei Karl Farkas und Ernst Waldbrunn, bei Josef Hader und Alfred Dorfer. Seine Spuren finden sich aber auch in der typischen Sprache der Stadt, vor allem im Wiener Schmäh.

Dieser sprichwörtliche Wiener Schmäh hat viele Gesichter. Das Österreichische Wörterbuch definiert ihn als „eigentümlichen humoristischen Gemütszustand der Bewohner Wiens". Das sagt alles und nichts. Tatsächlich reicht eine einzige Definition ohnehin nicht aus, ist doch der Wiener Schmäh – wenn wir die Verwendung des Wortes in der alltäglichen Sprache hernehmen – ebenso die Eigenschaft einer Person („Der hat einen guten Schmäh"), die Betonung einer ehrlich gemeinten Aussage („Das Auto kostet nur 1000 Euro, ohne Schmäh") wie eine humorvolle Art der Unterhaltung („Der Schmäh ist gestern g'rennt"). Das Wort kann aber auch einen negativen Beigeschmack bekommen: Wenn beispielsweise jemand einen anderen „mit dem Schmäh nimmt" oder „am Schmäh hält", will er einen Menschen manipulieren, irreführen oder gar übers Ohr hauen. Wobei die Manipulation in diesem Fall sogar positive Aspekte haben kann: Weit über die Grenzen Wiens hinaus bekannt ist die (wahre oder gut erfundene) Geschichte vom Ober in einem Wiener Kaffeehaus, der seine Gäste immer mit dem Titel begrüßt. Und sind sie weder Hof-, Regierungs- oder sonst ein Rat, dann spricht sie der Kellner eben mit „Herr Doktor" an, selbst wenn der solcherart Apostrophierte keiner ist. Über diese Manipulation freut sich der Angesprochene und dankt es vielleicht mit einem höheren Trinkgeld …

"If They're Singing, Make Yourself at Home"

"If they're singing, make yourself at home, because nasty people have no songs in them," an old saying wisely advises. It seems tailor-made for the Viennese character. Whether apostrophising it as immaculate gold or "drawn in black ink," as H. C. Artmann puts it, Viennese song and literature, cabaret and Austropop have created a richly diverse myth of the Viennese heart.

The Viennese heart of gold has left numerous traces – in music, ranging from Haydn to Wolfgang Ambros, in literary works by Johann Nestroy, Josef Weinheber, H. C. Artmann and many others, and in cabaret by Karl Farkas and Ernst Waldbrunn, Josef Hader and Alfred Dorfer. But you also find traces of it in the typical speech of the city, particularly the *schmäh* (banter).

This proverbial Viennese *schmäh* has many aspects. The Austrian dictionary defines it as "a peculiar, humorous state of mind of the inhabitants of Vienna." That says everything and nothing. Indeed, a single definition is inadequate anyway, since Viennese *schmäh* – if we take the use of the word in everyday speech – may be as much a characteristic of a person ("his *schmäh*'s very good"), a way of emphasizing sincerity ("the car costs only € 1,000, no *schmäh*!" [= I'm not kidding]) or social banter in company ("the *schmäh* really got going yesterday"). But the word can also acquire a negative connotation: for example, when somebody turns the *schmäh* on somebody else ("mit dem *Schmäh* nehmen"/"am *Schmäh* halten"), he is being manipulative, misleading or downright deceitful. The manipulation may of course even have positive aspects. The (possibly apocryphal) story of the waiter in a Viennese café who always flatters customers with a grandiose honorific is familiar far beyond the boundaries of Vienna. And if they are neither *Hofrat*, *Regierungsrat* or any other kind of -rat, the waiter calls them "*Herr Doktor*", even if the person addressed is nothing of the kind. The customer is delighted to be flattered, and no doubt tips generously.

Like many typical Viennese expressions, the word *schmäh* is derived from Yiddish, and originally from Hebrew *shema*, meaning something heard, i.e. a rumour. *Schmäh* in Vienna usually makes use of Viennese dialect, which developed from an informal language used by laundrywomen, prostitutes or ordinary workers in the suburbs, as a kind of cocking a snook at the German spoken by the bourgeoisie and political classes, which was based on the language of court. So to start with, the dialect of the lower classes was more than just a means of expression – it contained a due dash of oppositional thinking.

Even in the days of the Habsburg Monarchy, strangers were often the target of Viennese *schmäh*. It's easy to explain that. The Viennese insulted foreigners because they themselves were first or second-generation immigrants from Bohemia, Hungary or other parts of the Habsburg Empire. By then, they felt at home in Vienna, like locals, and in this way sought to conceal their origins. "They like to run each other down a bit," is how Jewish songwriter Friedrich Bergammer (real name Glückselig) put it, but it wasn't meant seriously, he added. There is generally a touch of scorn in the phrasing of Viennese *schmäh* that is actually meant affectionately. The ambivalence of the Viennese character sometimes does indeed produce weird blooms.

Wie viele typisch wienerische Ausdrücke hat auch das Wort „Schmäh" seine Wurzeln im Jiddischen, es leitet sich von hebräisch „schemah" („Gehörtes, Gerücht") ab. Schmäh geführt wird in der Donaumetropole üblicherweise im Wiener Dialekt, der sich aus der von Wäscherinnen, Prostituierten oder einfachen Arbeitern gepflogenen Umgangssprache der Vorstädte entwickelt hat – einer Art „Gegensprache" zum Deutsch des Bürgertums und der Politik, das sich an die höfische Ausdrucksweise anlehnte. Und so war das Wienerische der unteren Bevölkerungsschichten zunächst mehr als nur eine Ausdrucksweise: Es enthielt eine gehörige Portion oppositionellen Denkens.

Schon zu Zeiten der Habsburgermonarchie waren oftmals Fremde die Zielscheibe des Wiener Schmähs. Warum, ist ganz einfach erklärt: Der Wiener schimpfte auf die Fremden, weil er selbst einer war oder zumindest von Zuwanderern aus Böhmen, Ungarn und anderen Teilen des Habsburgerreiches abstammte. Nun aber fühlte er sich in der Residenzstadt zuhause, als Wiener, und wollte auf diese Weise seine Herkunft verschleiern. „Sie reden gern ein bisschen schlecht voneinander", brachte es der jüdische Lyriker Friedrich Bergammer – eigentlich hieß er ja Glückselig – auf den Punkt, das sei jedoch nicht ernst gemeint. Der Wortwahl des Wiener Schmähs wohnt meist eine Bösartigkeit inne, die eigentlich liebevoll gemeint ist. Ja, die Ambivalenz des Wienertums treibt manchmal seltsame Blüten …

In den Wiener Vorstädten entstand also der wienerische Dialekt. Diese Gegenwelt zu Adel und Großbürgertum brachte auch das „klassische" Wienerlied hervor. Geprägt von Volkssängern und Musikanten, die zum Tanz aufspielten, vereinigte sich in jenen Klängen, die man heute noch als typisch wienerisch betrachtet, Musik aus dem gesamten Kaiserreich.

Die Urform des Wienerliedes ist der Vierzeiler, der seine Wurzeln im Ländler hat – etwa das Gstanzl. Vorläufer der Wiener Volkssängercouplets wiederum waren die Auftrittslieder in Nestroy'schen Theaterstücken. Gegen Ende des 19. Jahrhunderts entstanden zahlreiche „klassische" Wiener Refrainlieder, die musikalisch zwischen den Strophen und dem Refrain deutlich unterscheiden. Viele – wie „Das Glück is a Vogerl", „S' Herz von an echten Weana" von Johann Schrammel, „Pfüat di Gott, du alte Zeit" – sind heute noch bekannt. Wie wir schon an den Titeln ablesen können, spielt das Goldene Wienerherz in den Texten eine große Rolle. Der Wiener stellt sich gern mit allen seinen – natürlich positiven – Eigenschaften in den Mittelpunkt und preist seine Lebensart. Da finden wir immer wieder die Worte „Hamur" – wienerisch für „Humor" – oder „fesch", hören da und dort

Das legendäre Schrammel-Quartett. The legendary Schrammel quartet.

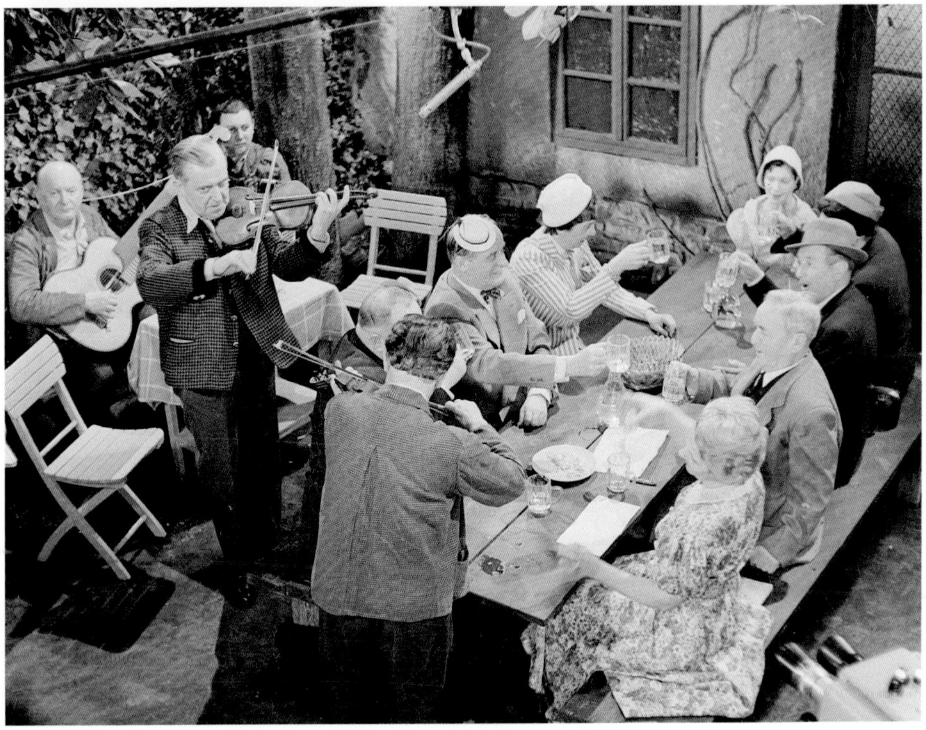

Szene aus „Geschichten aus dem Wienerwald“ mit Hans Moser, Hans Unterkirchner und Fritz Eckhardt, Fernsehfilm 1961.
Scene from "Tales from the Vienna Woods", with Hans Moser, Hans Unterkirchner and Fritz Eckhardt, adapted for TV in 1961.

Viennese dialect thus originated in the suburbs of Vienna. This alternative world to the nobility and *grande bourgeoisie* also generated the 'classic' *wienerlied* (Viennese song). Thanks to folk singers and musicians who struck up on dance floors, the sounds of music today considered typically Viennese were an amalgam of elements from the whole empire.

The proto-form of the *wienerlied* is a quatrain based on the *ländler*, one variety being called the *gstanzl*. Predecessors of the Viennese folk song couplets were in turn the entrance songs in Nestroy's plays. Towards the end of the 19th century, numerous 'classic' Viennese songs with refrains were written, the music clearly distinguishing between the quatrains and the refrain. Many of them – such as "Das Glück is a Vogerl", Johann Schrammel's "S' Herz von an echten Weana" and "Pfüat di Gott, du alte Zeit" – are still in circulation today. As the titles already indicate, the Viennese heart of gold plays a major part in the lyrics. The Viennese liked to focus on themselves with all their (naturally positive) qualities and vaunt their way of life. The words *hamur* (Viennese for humour) and *fesch* (smart/attractive) crop up again and again, but always with a fine irony here and there that suggests that the Viennese do not necessarily consider their songs a mirror image of reality.

Along with drinking songs, the subject of which is wine and *heurige*, nostalgia for the past is one of the chief topics in lyrics. In view of the reality of the much lauded 'good old days', the hankering after supposedly better times (e.g. "It was in 1930 in Vienna ..." or "My heart is a picture album of old Vienna") is odd, to say the least. Did the high cost of living, wretched housing situation and bitter poverty among broad sections of the population deserve such rose-tinted nostalgia? Or did memory simply cloak everything unpleasant in a shroud of oblivion?

Occasionally, even death creeps into Viennese songs, generally in the last verse. Death is rarely about dying, but more a case of what happens after the end of our earthly existence, when the Viennese are effusively welcomed in heaven, either by St Peter or the angels who've been holidaying in Vienna. Sometimes, the corpse still sings in the grave. 'Real Viennese', as the inhabitants of the city prefer to think of themselves, don't die, as we also know from a Viennese song.

Death in contemporary Viennese songs is not quite so *gemütlich*. There, songwriters are quite happy to make the once-taboo topic of dying their subject matter. One example is 'Extremschrammler' Roland Neuwirth, who makes the various Viennese terms for dying the basis of a lyric:

"Er hat an Abgang g'macht, er hat die Patschn g'streckt, er hat a Bankl g'rissen ..." (He's passed on, he's popped his clogs, he's cracked the bank ...") The last lines of the song indicate that the dead man came off best, and the living should be envious of him, since "by my soul, none of his bones hurt any more."

Times have changed, and with them Viennese songs. Where once people gushed "no Goethe ever wrote that" or "Vienna, woman, and wine/A threesome so dainty and fine," a 20th century lyric by H. C. Artmann even makes being "drunk beneath the Christmas tree" the subject of song. The Viennese heart of gold has acquired some black spots as new clichés replace the old familiar ones. Anyone forever striving for cynicism and nastiness inevitably comes up with a new cliché, though of course quite a different one from those generally found in traditional Viennese songs.

Even so, the traditions of earlier days have refused to lie down or go away. They continue to exist, and are constantly revived, for example by Trude Mally, Horst Chmela or Karl Hodina, who consciously go back to the roots. In their songs, the Viennese heart of gold gleams immaculately.

aber auch eine feine Ironie heraus, die besagt, dass der Wiener seine Lieder nicht unbedingt für ein Spiegelbild der Realität hält.

Neben dem Trinklied, das den Wein und die Heurigenseligkeit besingt, steht die Sehnsucht nach der Vergangenheit bei den Themen ganz oben. Der Blick zurück auf vermeintlich bessere Tage – „Secht's Leutln, so war's anno 30 in Wien" oder „Mein Herz, das ist ein Bilderbuch vom alten Wien" – erscheint angesichts der Realität in der viel gepriesenen „guten, alten Zeit" freilich seltsam. Lohnten teures Leben, triste Behausungen und die bittere Not breiter Bevölkerungsschichten die rückwärtsgerichtete Sehnsucht? Oder umhüllte die Erinnerung alles Unangenehme einfach mit dem Mantel des Vergessens?

Zuweilen schleicht sich auch der Tod in das Wienerlied ein – meist in der letzten Strophe. Um das Sterben geht es kaum jemals, dafür aber um die Zeit nach dem Ende des irdischen Daseins, wenn der Wiener begeistert im Himmel empfangen wird, von Petrus oder den Engeln, die nach Wien auf Urlaub fahren. Manchmal singt der Verblichene auch noch im Grab. Ein „echter Wiener" – so apostrophieren die Bewohner der Donaumetropole sich selbst mit Vorliebe – geht eben nicht unter ... was wir übrigens auch aus einem Wienerlied wissen!

Nicht ganz so gemütlich hört sich der Tod in zeitgenössischen Wienerliedern an: Da machen die Autoren auch das einst verpönte Sterben zum Thema. Wie etwa „Extremschrammler" Roland Neuwirth, der die verschiedenen Wiener Bezeichnungen dafür einem Liedtext zugrunde legt: „Er hat an Abgang g'macht, er hat die Patschn g'streckt, er hat a Bankl g'rissen ..." Aus den letzten Zeilen klingt heraus, der Tote habe das bessere Los gezogen, die Lebenden müssten ihn beneiden: „Denn jetzt tuat eam, bei meiner Sööö, ka Bah mehr weh." In die Hochsprache übersetzt: „Jetzt tut ihm, bei meiner Seele, kein Knochen mehr weh."

Die Zeiten änderten sich eben – und mit ihnen das Wienerlied. Sang man einst gefühlvoll „Das hat kein Goethe g'schriebn" oder „Wien, Weib, Wein – ein Dreiklang so zart und fein", so wurde im 20. Jahrhundert nach einem Text von H. C. Artmann sogar der „Ang'soffene unterm Christbam" in den Mittelpunkt eines Liedes gerückt. Das Goldene Wienerherz hatte tiefschwarze Flecken bekommen, die altbekannten Klischees des Genres waren neuen gewichen: Denn wer ständig Zynismus und Bösartigkeit bemüht, entwirft ein neues Klischee – freilich ein ganz anderes als jenes, das bis dahin vom Wienerlied transportiert wurde.

Die Traditionen früherer Tage vermochten von dieser Welle jedoch nicht überrollt zu werden. Es gibt sie nach wie vor, und sie werden immer wieder aufs Neue belebt – beispielsweise von Trude Mally, Horst Chmela oder Karl Hodina, die bewusst zu den Wurzeln zurückkehrten. In ihren Liedern glänzt das Wienerherz makellos golden.

Der Wiener Dichter H. C. Artmann. Viennese poet H. C. Artmann.

Karl Hodina und Roland Neuwirth. Karl Hodina and Roland Neuwirth.

The musicians and composers of the 21st century have brought fresh breezes to the genre – not only Roland Neuwirth, but also the Kollegium Kalksburg or the Strottern for example, who have entered an artistic symbiosis with poet and singer Peter Ahorner. Working on the motto that Vienna can't be learnt, and if you try, you've already missed the point, the lyrics of the Strottern focus on the Viennese, the way they really are, and what they actually think. There's no room any more for the old-style wine-induced tipsiness. If there is singing over the juice of the grape, the new style is: "As a child, I was often sad and very often disheartened. I found the whole world scary. Then my ma said: Come on, my boy, don't be such a wimp. Come and sit with me and have a glass or two. Riesling, Traminer, go on – there's some Grüner Veltliner, that'll cheer you up."

The song writers of Austropop have likewise given up on the perfect world between St Stephan's Cathedral, the Empress Sissi and the Spanish Riding School, and show the Viennese with all their rough edges, both their benign and negative sides. One of the classics is Wolfgang Ambros's "Da Hofa", a deeply felt, critical commentary on the Viennese heart of gold and a settling of scores with prejudice. Only the universally rejected and despised Hofer, "the scapegoat no-one likes," could – according to the text – have committed the murder involved ... until it turns out that Hofer himself is the dead man.

Music is receptive to all sides – and so in the 1970s elements of Austropop were taken over by Viennese songs. Leading the way was Roland Neuwirth, who mixed blues, rock and pop in his compositions and called his group Extremschrammeln, since this kind of interpretation really was far removed from the original *wienerlied*. André Heller and Helmut Qualtinger launched frontal attacks with their caustic songs such as "Wean, du bist a Taschnfeitl" or "Wean, du bist a oide Frau", and provoked gratifying outrage among the inhabitants of the city. It was only the lyrics that were 'new', of course, since the tunes were of the traditional kind.

Kurt Sowinetz was another who interpreted Viennese songs in a different way from the one the Viennese were used to. For "Alle Menschen san ma zwider", it was even Beethoven's ninth symphony that provided the music. In the case of Sowinetz and the "Dunkelgraue Lieder" (Dark Grey Songs) by Ludwig Hirsch, you will find very little left of the Viennese heart of gold. The former comes across as malicious and cynical, and the latter as depressive, macabre and sharp.

In return, Austropop also borrowed from the *wienerlied*. Themes such as loneliness, taking refuge in alcohol, death and suicide have their roots in Viennese folk music as much as the sung dialect that gave Austropop an individual flavour in the songs of Wolfgang Ambros, Ludwig Hirsch, Georg Danzer and many others.

People who have not grown up with Viennese dialect will have difficulty understanding the words of lyrics. "I vasperr die Tia und leg die Kett'n vua, häng mei G'wand schee auf, so wia i's imma tua, loss a woames Wossa in die Bodwann ein, and zum erschtn Moi im Leb'm fühl i mi frei." (I lock the door, put on the chain, hang up my clothes neatly as I always do, run hot water into the bath and for the first time in my life feel free). In "Heite drah i mi ham", Ambros imagines killing himself by slitting his wrists in the bath – explicitness in a lyric that would have been inconceivable in earlier days.

The Viennese heart of gold has a place not only in Viennese song. Even in classical music we find some of its sheen, chiefly because many great masters passed at least part of their lives in the city. The tunefulness of Viennese songs and instrumental folk music – by the Schrammel brothers, for example – had its counterpart in the classics. One notable example was Schubert, whose dances and minor piano works

Frischen Wind bringen Musiker und Komponisten des 21. Jahrhunderts in das Genre: neben Roland Neuwirth etwa das Kollegium Kalksburg oder die Strottern, die mit dem Dichter und Sänger Peter Ahorner eine künstlerische Symbiose eingegangen sind. Nach dem Motto „Wien kann man nicht lernen, wer das versucht, hat das Wesentliche bereits überhört" orientieren sich die Liedtexte der Strottern an den Wienern, wie sie wirklich sind und was sie tatsächlich denken. Für die Weinseligkeit altwienerischer Prägung ist da kein Platz mehr. Wenn über den Rebensaft gesungen wird, dann so: „Als Kind, da war oft traurig ich und auch sehr oft verzagt, die ganze Welt fand schaurig ich, da hat mei Muatterl g'sagt: Geh, Burli, komm und sei kein Spinner! Setz dich zu mir, trink einen Schluck! Den Riesling, den Traminer, lass rinner, da is' a Grüner Veltliner, der nimmt den Druck!"

Auch die Musiker des Austropop haben sich von der heilen Welt zwischen Stephansdom, Kaiserin Sisi und den Lipizzanern abgewandt und zeigen den Wiener mit allen Ecken und Kanten, mit seinen liebevollen wie negativen Seiten. Zu den Klassikern gehört „Da Hofa" von Wolfgang Ambros, ein tiefsinnig-kritischer Kommentar zum Goldenen Wienerherz und eine Abrechnung mit Menschen voller Vorurteile. Nur der allseits abgelehnte und verachtete Hofer, „der Sündenbock, den was kana mog", könne – so heißt es im Text – den Mord, um den es geht, begangen haben … bis sich herausstellt, dass der Hofer selbst der Tote ist.

Musik ist nach allen Seiten hin offen – und so nahm man in den 1970er-Jahren Elemente des Austropop in die Wienerlieder auf. Als einer der Ersten mischte Roland Neuwirth Blues, Rock und Pop in seine Kompositionen und nannte seine Gruppe, da sich diese Art der Interpretation doch recht weit von den ursprünglichen Wienerliedern entfernte, die „Extremschrammeln". André Heller und Helmut Qualtinger starteten mit ihren bissigen Liedern wie „Wean, du bist a Taschnfeitl" oder „Wean, du bist a oide Frau" Frontalangriffe auf die Stadt – und lösten Empörung unter der Bewohnern der Donaumetropole aus. „Neu" waren allerdings nur die Texte, die Melodien bewegten sich im traditionellen Rahmen. Wienerlieder der etwas anderen, für die Wiener zunächst ungewohnten Art interpretierte auch Kurt Sowinetz. Für „Alle Menschen san ma zwider" musste sogar Beethovens 9. Sinfonie musikalisch herhalten. Bei Sowinetz und den „Dunkelgrauen Liedern" von Ludwig Hirsch ist vom Goldenen Wienerherz nur noch wenig zu finden … Erstgenannter kommt boshaft und zynisch, der andere depressiv, makaber und bissig.

Umgekehrt nahm der Austropop auch Anleihen am Wienerlied. Themen wie Einsamkeit, die Flucht in den Alkohol, Tod und Selbstmord haben ihre Wurzeln ebenso in der Wiener Volksmusik wie der gesungene Dialekt, mit dem Wolfgang

Ambros, Ludwig Hirsch, Georg Danzer und viele andere dem Austropop eine ganz individuelle Note gaben.

Leute, denen die Wiener Mundart nicht seit Kindertagen geläufig ist, werden Texte wie den folgenden nur schwer verstehen. „I vasperr die Tia und leg die Kett'n vua, häng mei G'wand schee auf, so wia i's imma tua, loss a woames Wossa in die Bodwann ein, und zum erschtn Moi im Leb'm fühl i mi frei …" Frei in die Hochsprache übertragen heißt das: „Ich versperre die Tür, lege die Kette vor, hänge meine Kleider schön auf, wie ich es immer mache, lasse warmes Wasser in die Badewanne ein, und zum ersten Mal im Leben fühle ich mich frei …" Ambros schildert in „Heite drah i mi ham" seinen Selbstmord – er schneidet sich in der Badewanne die Pulsadern auf. Ein Text, der in seiner Deutlichkeit früher undenkbar gewesen wäre.

Das Goldene Wienerherz hat seinen Platz jedoch nicht nur im Wienerlied – auch in der klassischen Musik finden wir einiges von seinem Glanz, zumal viele große Meister zumindest Teile ihres Lebens in der Donaumetropole verbracht haben. Die Melodienseligkeit der Wienerlieder und der volkstümlichen Instrumentalmusik – etwa der Brüder Schrammel – fand in der Klassik ihre Entsprechung. Beispielsweise bei Franz Schubert, dessen Tänze oder kleine Klavierwerke oft in einem Melodienreichtum schwelgen, der typisch wienerisch klingt. So typisch, dass einige von ihnen, mit einem Text unterlegt, im Singspiel „Das Dreimäderlhaus" wie „echte" Wienerlieder klingen: „Ich schnitt es gern in alle Rinden ein", „Es soll der Frühling mir künden" oder „Was Schön'res könnt's sein als ein Wienerlied". Wenn da nicht das Goldene Wienerherz aufblitzt, wie es dem Wiener gefällt!

Auch Wolfgang Amadeus Mozart und Ludwig van Beethoven legten eine gehörige Portion musikalischen Wienertums in ihre Werke, vor allem in kleine Formen wie die Tänze. Als schließlich Johann Strauß die Bühne betrat und den Walzer in allen Gesellschaftsschichten salonfähig machte, gab er fortan den Takt auf den Tanzparketten vor: Wienerisch war Trumpf! Da klangen selbst der „Ägyptische Marsch" oder der „Persische Marsch" sowie die Operette „Tausendundeine Nacht" unverfälscht nach Musik aus der Kaiserstadt. Dafür schrieb die wienerischste aller Opern ein Komponist aus München – Richard Strauss. In seinem „Rosenkavalier" singt sogar die Fiaker-Milli …

Musik im Hintergrund, oftmals auch gänzlich weggelassen, der Text als tragendes Element – auch im Kabarett hat das Goldene Wienerherz seinen Platz, wenngleich in eher dunklen Farbschattierungen. Als diese neue Kunstform, deren Wurzeln bis zu den Altwiener Volksstücken zurückreichen, Anfang des

often wallow in tunes that sound typically Viennese. Sometimes they are so typical, in fact, that some of those with a lyric, e.g. in the *singspiel* "Das Dreimäderlhaus", sound like 'real' Viennese songs (e.g. "Ich schnitt es gern in alle Rinden ein", "Es soll der Frühling mir künden", or "Was Schön'res könnt's sein als ein Wienerlied"). The Viennese heart of gold gleams there, just the way the Viennese like it.

Both Mozart and Beethoven invested their works with a due dash of Viennese music, especially in lesser works such as dances. When finally Johann Strauss came on stage and made the waltz acceptable to all social classes, he henceforth set the rhythm for the dance floor. Viennese was trumps. Even in nominally 'foreign' works such as the "Egyptian March", or the "Persian March" and the operetta of "Thousand and One Nights", the music of the imperial city rang out unadulterated. Yet the most Viennese of all operas – "Rosenkavalier" – was written by Richard Strauss, a composer from Munich. And in another Strauss opera set in Vienna, "Arabella", there is even a female cabbie, Fiaker Milli, in a leading role.

The Viennese heart of gold also has a place in cabaret, where text is the key element, and music is only for background or left out altogether. But here, the tones are more sombre. When this new form of art, whose roots go back to old Viennese folk plays, flourished in Vienna in the early 19th century, it had a literary basis. Writers such as Frank Wedekind, Peter Altenberg, Alexander Roda Roda and Egon Friedell put their talents at the service of the Cabaret Nachtlicht in Ballgasse, though that folded after little more than a year. It was succeeded by the Fledermaus in Kärtner Strasse, whose programme on stage emphasised the Viennese side. Altenberg and Roda Roda appeared here as well, and were joined by Alfred Polgar, operetta composer Oscar Straus and painter Oskar Kokoschka.

The Simpl – which survives to this day as a fixed star in the Viennese cabaret firmament – opened in 1912 as Simplicissimus Beer Cabaret and offered its guests a variety programme of performers like parodists and magicians to entertain them while they ate and drank. One of the compères, called *conférenciers* at the time, was incidentally the later cabaret star Fritz Grünbaum, who in the 1920s was celebrated for his double act with Karl Farkas. Composers who appeared at the Simpl included Robert Stolz, Ralph Benatzy and Hermann Leopoldi, who kept up the Viennese flavour. When Karl Farkas returned to the Simpl after World War II as a kind of maid of all work – writer, actor, director and compère – cabaret flourished again. Well-known names such as Maxi Böhm, Heinz Conrads, Ossy Kollmann and Fritz Muliar ensured that the Viennese tone should dominate. The revues were written by Farkas with Hugo Wiener, who also dreamed up the famous double acts. The role of Fritz Grünbaum, who had died in Dachau concentration camp, was now taken over by Ernst Waldbrunn. Karl Farkas died in 1971, but the Simpl carried on. It is now managed by Michael Niavarani, who likes to emphasise that he is half Persian – a real Viennese, in fact!

Another group of cabaret artistes who satirized the Viennese down to a tee, in all their facets and shades, with hearts ranging from gold to deep black, didn't even bother with a name to start with. Soon everyone knew anyway – if Gerhard Bronner, Carl Merz, Helmut Qualtinger and Michael Kehlmann appeared in programmes such as "Brettl vor'm Kopf", "Blattl vor'm Mund" or "Spiegel vor'm Gesicht", you were sure of first-class cabaret. Later, they were joined by Georg Kreisler, Peter Wehle, Louise Martini, Kurt Sobotka and Johann Sklenka. In the 1950s, they produced an unforgettable cabaret classic: "Der g'schupfte Ferdl" was a portrait of a real Viennese suburban scoundrel, while

19. Jahrhunderts in Wien reüssierte, stand die Literatur im Mittelpunkt. Autoren wie Frank Wedekind, Peter Altenberg, Alexander Roda Roda und Egon Friedell stellten sich in den Dienst des Cabaret Nachtlicht in der Ballgasse, das allerdings nach etwas mehr als einem Jahr die Pforten schloss. Bald stellte man in der „Fledermaus" in der Kärntner Straße ein Programm auf die Bühne, das die wienerische Note betonte. Mit dabei waren Peter Altenberg, Alfred Polgar, Roda Roda, der Operettenkomponist Oscar Straus und der Maler Oskar Kokoschka.

Das „Simpl" – bis heute ein Fixstern am Wiener Kabaretthimmel – wurde 1912 als „Biercabaret Simplicissimus" eröffnet und bot seinen Gästen zu Speis und Trank ein Varietéprogramm von Parodisten bis zu Zauberkünstlern. Einer der Moderatoren – damals hießen sie noch Conférenciers – war übrigens der spätere Kabarettstar Fritz Grünbaum, der in den 1920er-Jahren für seine Doppelconférencen mit Karl Farkas bejubelt wurde. Mit Robert Stolz, Ralph Benatzky und Hermann Leopoldi traten im Simpl Komponisten auf, die das Wienerische hochhielten. Als Karl Farkas nach dem Zweiten Weltkrieg als eine Art „Mädchen für alles" – Autor, Darsteller, Regisseur, Conférencier – ins Simpl zurückkehrte, blühte das Kabarett neu auf. Prominente Namen wie Maxi Böhm, Heinz Conrads, Ossy Kollmann und Fritz Muliar waren Garanten dafür, dass die wienerische Note dominierte. Die Revuen schrieb Farkas zusammen mit Hugo Wiener, der auch die berühmten Doppelconférencen ersann. Den Platz Fritz Grünbaums, der im KZ Dachau umgekommen war, nahm nun Ernst Waldbrunn ein. Ein Glücksgriff! 1971 starb Karl Farkas, das Simpl blieb bestehen. Heute leitet es Michael Niavarani: Er betont übrigens gern, dass er ein halber Perser ist … ein echter Wiener also!

Den Wiener, wie er leibt und lebt, in allen Facetten, mit einem Herz, das sich von golden bis tiefschwarz in vielen Farbschattierungen präsentiert, nahm eine andere Kabarettistengruppe aufs Korn, die sich gar nicht erst einen Namen zulegte. Bald wusste ohnehin jeder: Wenn Gerhard Bronner, Carl Merz, Helmut Qualtinger und Michael Kehlmann in Programmen wie „Brettl vor'm Kopf", „Blattl vor'm Mund" oder „Spiegel vor'm G'sicht" auftraten (später waren auch Georg Kreisler, Peter Wehle, Louise Martini, Kurt Sobotka und Johann Sklenka dabei), dann gab es erstklassiges Kabarett. In den 50er-Jahren des vergangenen Jahrhunderts schufen diese Leute bis heute unvergessene Kabarettklassiker: „Der g'schupfte Ferdl" war das Porträt eines echten Wiener Vorstadtstrizzis, „Der Halbwilde" eine lustig verpackte Kritik am Motorradwahn und „Der Papa wird's schon richten" ein Sittenbild der damaligen Schickeria. Die „Travnicek-Dialoge" zwischen Gerhard Bronner und Helmut Qualtinger lieferten so manches geflügelte Wort zum Thema Wienertum: „Simmering gegen Kapfenberg, das nenn ich Brutalität" ist

Karl Farkas und Ernst Waldbrunn im Kabarett Simpl. Karl Farkas and Ernst Waldbrunn at the Simpl cabaret.

„Der Halbwilde" Helmut Qualtinger auf seiner „Maschin". Helmut Qualtinger as "Der Halbwilde" on his bike.

"Der Halbwilde" was a critique of motor-cycle mania packed with gags, and "Der Papa wird's schon richten" was a sketch about the smart set of the time. The "Travnicek Dialogues" between Gerhard Bronner and Helmut Qualtinger offered numerous winged words on the subject of the Viennese: "Simmering against Kapfenberg, that's what I call brutality," is only one of many, referring to a fiercely fought-over football match between the two local clubs. Bronner and Qualtinger's "Travnicek" gazed deep into the soul of the Viennese, exposing their thoughts and opinions for the general entertainment – and possibly also a sober reflection or two.

Leading lights of the Viennese cabaret scene in the 21st century are names such as Roland Düringer, Josef Hader and Alfred Dorfer. Continuing a tradition that goes back to the days of Johann Nestroy, the tools of their trade are wit and language, or shall we say, the gift of the gab. In this respect, Viennese cabaret artistes are clearly distinct from their German colleagues such as Mario Barth or Michael Mittermeier, who rely on comedy and slapstick. To Karl Kraus's famous saying that "the only thing that separates Austrians and Germans is the German language," we could therefore add, "and cabaret".

The Viennese heart of gold also inspired generations of writers, of course. Especially the younger ones lauded not only its gold sheen, but, with admirable critical detachment, also recognised the ambivalence. So many masters of the written word of this kind have touched on the omnipresent myth that we can select only a few here.

Josef Weinheber describes the Viennese heart of gold in all its shades. His book of poems "Wien wörtlich", which some times strays into dialect, offers a picture of the city and its people that many perhaps do not take kindly to because it holds up a mirror to them, saying "this (and not that) is the way you are." How much the Viennese like eating is for example described in the poem "Der Phäake", the beginning of which runs as follows:

„Ich hab sonst nix, drum hab ich gern
Ein gutes Papperl, liebe Herrn:
Zum Gabelfrühstück gönn ich mir
Ein Tellerfleisch, ein Krügel Bier,
schieb an und ab ein Gollasch ein,
(kann freilich auch ein Bruckfleisch sein),
ein saftiges Beinfleisch, nicht zu fett,
sonst hat man zu Mittag sein Gfrett ..."

(I have nothing else, which is why I like a good meal, gentlemen; for a mid-morning snack, I allow myself a plate of boiled beef in broth, a jug of beer, and occasionally slip in some goulash [or possibly stewed giblets], some juicy boiling meat with beef bones but not too fatty, otherwise I won't want any lunch ...)

An exaggeration? Could be. But just take a look at the numerous Facebook pages where "drinking rules" say more or less "pour down as much as you can." Weinheber must be reckoned a good observer of the Viennese character. And even his winged words "War net Wien, wenn net durt, wo ka Gfrett is, ans wurdt" (It wouldn't be Vienna if aggro didn't blow up out of the blue) seem to be based on field research.

Ödön von Horváth wrote his play "Geschichten aus dem Wienerwald" (Tales from the Vienna Woods) around the same time as Weinheber wrote "Wien wörtlich". He used the stock figures of Viennese *gemütlichkeit* and the Viennese heart of gold, deconstructing them at the same time. "He took over the retired cavalry captains, sweet maids, good-for-nothing rogues and family-obsessed petty bourgeois familiar from operetta, drama and film," said Erich Kästner – himself a writer – of Horváth's work in the "Neue Leipziger Zeitung" in 1931. "He took over the plush, but then shook it so the moths flew out and the moth-eaten bits showed

nur eines von vielen. Mit ihrem Travnicek ließen Bronner und Qualtinger tief in die Seele des Wieners blicken, legten seine Gedanken und Ansichten bloß – zum allgemeinen Amüsement ... und wohl auch ein wenig zum Nachdenken.

Die Wiener Kabarettszene des 21. Jahrhunderts wird von Namen wie Roland Düringer, Josef Hader und Alfred Dorfer geprägt. Ganz in einer Tradition, die schon bei Johann Nestroy ihren Anfang nahm, sind das Wort und der Sprachwitz ihr Handwerkszeug (oder sagen wir besser: Mundwerkszeug). Damit distanzieren sich die heimischen Kabarettisten deutlich von ihren deutschen Kollegen, die – wie Mario Barth oder Michael Mittermeier – auf Comedy und Slapstick setzen. So müssen wir das berühmte Zitat von Karl Kraus „Das Einzige, was die Österreicher und Deutschen trennt, ist die deutsche Sprache" ergänzen: Auch das Kabarett gehört heute zum Trennenden.

Natürlich inspirierte das Goldene Wienerherz auch Generationen von Dichtern. Besonders die jüngeren priesen nicht nur seinen Glanz, sondern erkannten mit kritischer Distanz auch die Ambivalenz. Derart viele Meister der Feder beschäftigten sich mit dem allgegenwärtigen Mythos, dass wir nur einige herausgreifen möchten.

Das Goldene Wienerherz in allen Schattierungen beschrieb Josef Weinheber. Sein Gedichtband „Wien wörtlich", der teilweise in der Mundart gehalten ist, zeichnet ein Bild der Donaumetropole und ihrer Menschen, das manche vielleicht nicht gerne sehen, weil ihnen ein Spiegel vorgehalten wird: So und nicht anders seid ihr. Wie sehr der Wiener das Essen zu schätzen weiß, schildert Weinheber beispielsweise in dem Gedicht „Der Phäake", von dem wir hier den Anfang zitieren wollen:

„Ich hab sonst nix, drum hab ich gern
Ein gutes Papperl, liebe Herrn:
Zum Gabelfrühstück gönn ich mir
Ein Tellerfleisch, ein Krügel Bier,
schieb an und ab ein Gollasch ein,
(kann freilich auch ein Bruckfleisch sein),
ein saftiges Beinfleisch, nicht zu fett,
sonst hat man zu Mittag sein Gfrett ..."

Übertrieben? Mag sein. Aber schauen wir nur zum Vergleich auf viele Facebook-Seiten, wo zur „Trinkordnung" geschrieben steht, man möge „nicht mehr saufen, als mit aller Gewalt hineingeht". Man kann Weinheber also als guten Beobachter des Wienertums sehen. Und auch sein geflügeltes Wort „War net Wien, wenn net durt, wo ka Gfrett is, ans wurdt" („Es wäre nicht Wien, wenn nicht dort, wo es keinen Ärger gibt, einer entstünde") scheint auf Recherchen vor Ort zu beruhen …

Beinahe zur gleichen Zeit wie Weinheber „Wien wörtlich" verfasste Ödön von Horváth sein Theaterstück „Geschichten aus dem Wiener Wald". Er setzte die bekannten Klischees der Wiener Gemütlichkeit und des Goldenen Wienerherzens ein und demontierte sie gleichzeitig. „Er übernahm die aus Filmen, Operetten und Dramen bekannten pensionierten Rittmeister, die süßen Mädel, die nichtsnutzigen Hallodri, die familiensüchtigen Kleinbürger", analysierte Erich Kästner, selbst Schriftsteller, Horváths Werk 1931 in der „Neuen Leipziger Zeitung": „Er übernahm den Plüsch, aber er klopfte ihn aus, dass die Motten aufflogen und die zerfressenen Stellen sichtbar wurden. Er zeigte die Vorder- und die Kehrseite der überkommenen Wiener Welt. Er ließ diese Leute ihre Lieder singen, ihren plauschenden Dialekt sprechen, ihre Heurigenlokale trunken durchwandern und zeigt darüber hinaus die Faulheit, die Bosheit, die verlogene Frömmigkeit, die Giftigkeit und die Borniertheit, die hinter und in jenen marktgängigen Eigenschaften stecken. Er zerstörte nicht nur das überkommene Wiener Figuren-Panoptikum, er gestaltete ein neues, echteres außerdem."

Dass das Stück nach seiner Premiere in Berlin 1931 erst 1948 nach Wien kam und einen ausgewachsenen Theaterskandal auslöste, nimmt wenig wunder. Die Wiener fühlten sich in ihrer Ehre gekränkt, und das schlug sich auch in den Kritiken nieder: „Horváth nennt sein Stück ein Volksstück. Was aber haben diese innerlich durch und durch faulen Lemuren, diese Sumpfblüten, die in jeder Großstadt gedeihen können, mit dem Volk von Wien zu tun?", stand in einer Wiener Tageszeitung zu lesen.

Ähnlich zerpflückte das Goldene Wienerherz Helmut Qualtinger mit seinem „Herrn Karl" – und auch ihm wehten nach der Premiere im österreichischen Fernsehen Stürme der Empörung entgegen: Dieser Opportunist und Mitläufer, der seine Fahne immer in den Wind hängte, ob dieser nun von sozialistischer, christlichsozialer, nationalsozialistischer oder aus der Ecke der Besatzungsmächte blies, konnte doch nicht der typische Wiener sein! Qualtinger und Koautor Carl Merz verarbeiteten die Proteste in gewohnt satirischer Weise: In der Buchausgabe des „Herrn Karl" veröffentlichen sie fiktive Briefe von Menschen, die sich allesamt als Opportunisten Herrn Karl'scher Prägung erwiesen.

In einer Mundart, die höchstens die Wiener – und selbst von diesen sicher nicht alle – lesen können, schrieb H. C. Artmann. Kostprobe gefällig? „reis s aussee dei heazz dei bluadex und haus s owe iwa r a brukngland a!" Hier die Auflösung des

up. He showed the upside and downside of the traditional world of Vienna. He had those people sing their songs, gossip in dialect, drift drunk around their *heurige* taverns, and on top of that showed their indolence, the nastiness, feigned piety, poisonousness and narrow-mindedness behind each and every marketable quality. He not only destroyed the established slide show of traditional Viennese characters, he created a new, more realistic one."

Little wonder that, despite being premiered in Berlin in 1931, the play reached Vienna only in 1948, to cries of public outrage. The Viennese felt their honour impugned, and the reviews reflected that: "Horvath calls his play a *volksstück* (folk play). But what have these essentially bone-idle sloths, these vile excrescences, whom you may find in any large city, to do with the people of Vienna?" thundered an indignant reviewer in a Viennese daily.

Helmut Qualtinger similarly made mincemeat of the Viennese heart of gold with his "Herr Karl", the premiere of which on Austrian TV was similarly greeted with a storm of fury. This opportunist and fellow traveller, who trimmed his sails to whatever wind blew from Socialism/Christian Socialism/Nazism or the occupying powers round the corner, couldn't possibly be a typical Viennese! Whereupon Qualtinger and co-author Carl Merz gave the protests themselves a satirical makeover. In the book edition of "Herr Karl" they published imaginary letters from people who all turned out to be opportunists of the Herr Karl stamp.

H. C. Artmann wrote in a dialect that only the Viennese – and probably not even all of them – can read. Here's a sample: "reis s aussee dei heazz dei bluadex und haus s owe iwa r a brukngland a!" Obviously this means "Rip your bloody heart out and chuck it over a bridge railing!" The treatment Artmann meted out to the Viennese heart of gold in this extreme dialect, which was intended as a riposte to nostalgic dialect versifying, was not exactly kindly. The "med ana schwoazzn dintn" (in black ink) collection of poems shows the Viennese a long way from rose-tinted clichés. Artmann knew no taboos and wrote about murder, alcoholism and rape. Not only his ink, but also his poetic Viennese heart was deep black.

In the eyes of writers, the Viennese are ambivalence writ large. Let us just compare how Stefan Zweig and Slovene Ivan Cankar (1876–1918) wrote about the city and its people. Cankar, who is scarcely known in Vienna, wrote a lot about it.

In his autobiography "Die Welt von Gestern", Zweig wrote: "Open-minded, and endowed with a particular gift for receptivity, this city attracted the most disparate of talents, relaxing, loosening and soothing them. It was balmy living here in this atmosphere of intellectual generosity, and, unconsciously, every citizen of this city was brought up to be supranational, cosmopolitan, a citizen of the world."

Cankar's view of Vienna is far more pessimistic: "I went into a suburban park, that sad refuge of unemployed workers, consumptive sempstresses and hungry children. The low, dusty trees were still, dead. I remembered that I'd never seen those chestnuts flowering. They lived a dull life without youth, like the people in the area."

Even in literature, Vienna has many faces – and the Viennese heart has many shades, from golden to black. And yet, "if they're singing [and laughing, we should add], make yourself at home."

Sprachrätsels: „Reiß dein blutiges Herz heraus und wirf es über ein Brückengeländer!" In dieser extremen, als Kontrapunkt zur nostalgisierenden Dialektdichtung gedachten Mundart ging Artmann mit dem Goldenen Wienerherz nicht gerade sanft um. Die Gedichtsammlung „med ana schwoazzn dintn" zeigt den Wiener fernab jedes schönfärberischen Klischees. Artmann kannte keine Tabus und thematisierte in seinen Werken Mord, Alkoholismus, Vergewaltigung – nicht nur seine Tinte, auch sein dichterisches Wienerherz war tiefschwarz.

Der Wiener in den Augen der Dichter: Da wird Ambivalenz großgeschrieben. Vergleichen wir einmal, wie Stefan Zweig und der Slowene Ivan Cankar, der von 1876 bis 1918 lebte und bei uns kaum bekannt ist, obwohl er viel über Wien schrieb, die Stadt und ihre Menschen sahen. Zweig in seiner Autobiografie „Die Welt von Gestern": „Aufnahmewillig und mit einem besonderen Sinn für Empfänglichkeit begabt, zog diese Stadt die disparatesten Kräfte an sich, entspannte, lockerte, begütigte sie; es war lind, hier zu leben, in dieser Atmosphäre geistiger Konzilianz, und unbewusst wurde jeder Bürger dieser Stadt zum Übernationalen, zum Kosmopolitischen, zum Weltbürger erzogen."

Ungleich pessimistischer dagegen Ivan Cankars Blick auf Wien: „Ich ging in einen Vorstadtpark, in jenen traurigen Zufluchtsort arbeitsloser Arbeiter, schwindsüchtiger Näherinnen und hungriger Kinder. Die niedrigen verstaubten Bäume stehen ruhig, tot; ich erinnerte mich, dass ich diese Kastanien noch nie hatte blühen gesehen; sie lebten ein stumpfes Leben ohne Jugend, wie die Menschen in dieser Gegend."

Wien hat auch in der Literatur viele Gesichter – und das Wienerherz viele Farbschattierungen, von golden bis schwarz. Und dennoch: „Wo man singt" – und lacht, müssen wir ergänzen –, „da lass dich ruhig nieder."

Die Wiener Gemütlichkeit

Viennese Gemütlichkeit

Bank Austria
KINO
49
MEER

Die Wiener Gemütlichkeit

Untrennbar mit dem Goldenen Wienerherzen verbunden ist die Gemütlichkeit. Wenn die Wiener zum Heurigen oder ins Beisl gehen, lassen sie ihre Alltagssorgen draußen. Woher jemand stammt, spielt hier keine Rolle – beim Stehachterl oder beim Bier vom Fass sind alle gleich.

Gern lässt sich der Wiener Klischees wie die sprichwörtliche Gemütlichkeit gefallen, rücken sie ihn doch in ein freundliches Licht – ein Licht, das weit hinaus in die Welt strahlt und nicht unwesentlich dazu beiträgt, dass die Donaumetropole Ziel zahlloser Touristen – im Jahre 2009 waren es 9,8 Millionen – aus allen Kontinenten ist. Die Wiener Gemütlichkeit regt sogar in anderen Ländern dazu an, sich mit diesem Thema näher zu beschäftigen. So finden sich in einem eigenen „Wien-Blog" der Berliner Zeitung „taz" mit dem Untertitel „Vom letzten Glanz der Märchenstadt oder wie es sich an der blauen Donau gerade lebt" folgende Gedanken: „Wiener Gemütlichkeit bedeutet nicht dasselbe wie Nettsein oder Ausgelassenheit. Sie hängt stärker an Traditionellem, ist sinnlich, heiter und musikalisch; wer gemütlich ist, verhält sich gesprächig und höflich bis hin zur Servilität. Der gemütliche Mensch ist zu keinem wirklich scharfen Gedanken mehr fähig! Das Herz pocht stärker als der Verstand – das will das Wort Gemütlichkeit sagen." Wobei hinzuzufügen wäre, dass sich so manches Problem mit dem Herzen bestimmt besser lösen lässt als mit dem Kopf. Zu dieser Erkenntnis sind viele Wiener längst selbst gekommen, oder sie wurde ihnen in Kindertagen von der Mutter mit auf den Lebensweg gegeben.

Bekannte Orte in Wien, an denen wir diese Gemütlichkeit nach wie vor finden, sind der Heurige und das Beisl. Früher wurden in den Buschenschenken gerne soziale Kontakte geknüpft. An den langen Tischen mit den Bänken ohne Rückenlehnen kam man einander schnell näher. Denn da nicht jeder, der allein oder zu zweit zum Heurigen kam, einen ganzen Tisch für sich beanspruchen konnte, musste man sich „dazusetzen". Das ging nicht anders – und die Leute taten es auch gern. Es dauerte meist nicht allzu lange, da hatten alle Menschen am Tisch, die einander zuvor nie gesehen hatten, das Gefühl, als würden sie die Banknachbarn

Viennese *Gemütlichkeit*

Inseparable from the Viennese heart of gold is that untranslatable quality of *gemütlichkeit*, a combination of cosiness, sociability and being at ease. When the Viennese go off to the *heurige* or *beisl* (hostelry), they leave their everyday cares outside. Where you come from is irrelevant – with a glass of wine or draught beer in hand, all are equal.

The wealth of clichés about their proverbial *gemütlichkeit* is music to Viennese ears, since such clichés cast a friendly light on the city and stream past it out into the world as well. They constitute a not inconsiderable factor in attracting tourists to the city – in 2009, there were 9.8m of them, from every continent. Vienna's *gemütlichkeit* has even prompted people in other countries to have a close look at the subject. A separate Vienna blog in the Berlin newspaper "taz" is subtitled: "The latest bright light in fairytale city, or the way they live right now beside the blue Danube." The blog recently contained the following thought: "Viennese *gemütlichkeit* is not the same as being nice or larking around. It's a more traditional thing. It's sensual, cheerful and musical. If you're *gemütlich*, you're ready to talk, and polite to the point of servility. *Gemütlich* people are no longer capable of really keen thought. The heart works harder than the brain – that's what *gemütlichkeit* means." Though it needs adding that many a problem is better solved with the heart than with the head. Many Viennese came to the same conclusion long ago, or had it dunned into them by their mothers somewhere along the way.

Familiar places where we still find this *gemütlichkeit* are *heurige* winebars and *beisl* taverns. In earlier days, *heurige* bars (they used to be called *buschenschenken*, bars marked with a bush outside, where vineyards sold their own wine) were places of social contact. Sitting at long tables on benches with no backs made people sociable. People who came alone or in pairs could not commandeer a whole table for themselves and had of necessity to join the rest. There was no other way, and people were glad to do it. Generally it didn't take long before people at the table who had never seen each other before had the feeling they'd know their neighbours on the benches for ever. And the feeling grew with every glass. It was not uncommon for new acquaintances and even friendships to be struck up on such *heurige* evenings. After all, a Viennese heart of gold has room for lots of people.

Social barriers were overcome fairly quickly at the *heurige*. Formal *Sie* (you) soon gave way to the familiar *du*, and the mood became more casual with every mouthful. This atmosphere of being detached from everyday life and all obligations may seem strange to outsiders, but it is the subject of many a Viennese song. One lyric says, „Zehn Schilling für d'Schrammeln und morg'n fress'n ma Grammeln" (ten schillings for the music and tomorrow we'll eat crackling); or at a later, more exalted stage: "Geht's und verkauft's mei G'wand, i fahr in Himmel" (Go and sell my coat, I'm going to heaven). The impression we get is that wine turned the Viennese emotional. But that could be deceptive. The Viennese saw (and still see) *heurige* taverns as places to put aside everyday cares.

Often enough, with tongues lubricated by wine, a *heurige* customer would hear the whole life story of a new acquaintance. At such times, the pulse of the Viennese heart of gold began

schon ewig kennen. Und mit jedem Achtel oder Viertel Wein verstärkte sich dieses Gefühl. Nicht selten entstanden bei einem solchen Heurigenabend neue Bekanntschaften, manchmal sogar Freundschaften. In einem Goldenen Wienerherz haben schließlich viele Menschen Platz ...

Gesellschaftliche Barrieren fielen beim Heurigen ziemlich rasch – das förmliche „Sie" war bald dem vertrauten „Du" gewichen, die Stimmung wurde mit jedem Schluck lockerer. Losgelöst vom Alltag und jedweden Zwängen wird diese für Außenstehende vielleicht eigenartig anmutende Atmosphäre in vielen Wienerliedern besungen. Etwa mit der Textzeile „Zehn Schilling für d'Schrammeln und morg'n fress'n ma Grammeln". Oder auf einer Steigerungsstufe: „Geht's und verkauft's mei G'wand, i fahr in Himmel". Das klingt so, als ob der Wiener beim Wein ein emotionales Hoch erreichte ... Aber das konnte täuschen – der Wiener sah und sieht noch heute im Heurigen auch einen Ort, an dem er seine Alltagssorgen deponieren konnte.

Des Öfteren bekam ein Heurigengast in weinseliger Laune gleich die ganze Lebensgeschichte einer neuen Heurigenbekanntschaft zu hören. Dabei begann wohl auch das Goldene Wienerherz kräftig zu schlagen: Selbst wenn das Interesse an der Geschichte nur gering und daher bisweilen gespielt war, lauschte man dem Gegenüber verständnisvoll. Diesem half das – und so wurde aus dem Heurigenabend manchmal gar eine Therapiestunde.

Zu den Gästen der Wiener Heurigen zählten und zählen aber nicht allein die legendären „Weinbeißer" – stundenlang schauten sie, oft ganz allein, tief in ihr Glas und genossen den edlen Rebensaft Schluck für Schluck bewusst und mit Kenntnis der Materie – und jene Menschen, die nach der Arbeit Geselligkeit und Entspannung suchten. Auch die sogenannten „Hohen Herrschaften" mischten sich beim Wein unters Volk. So lesen wir in der Geschichte der berühmten „10er Marie" in Ottakring, wo schon seit mehr als 270 Jahren ausgeschenkt wird, dass dort viele berühmte Persönlichkeiten einkehrten. Zu der illustren Gästeschar gehörten seinerzeit Kronprinz Rudolf und sein singender Leibkutscher Bratfisch ebenso wie Franz Schubert, Johann Strauß Vater, Franz Lehar und der Dichter Josef Weinheber, der Wien wörtlich nahm, in Versen nämlich.

Es ist eigentlich traurig, dass die langen, Menschen verbindenden Tische bei vielen Heurigen verschwunden sind. Kleine Tischchen mit zwei oder höchstens vier Sesseln können deren soziale Funktion nicht erfüllen – sie trennen die Leute. Und wer allein gekommen ist, wird meist allein wieder gehen ... was viele heutzutage ohnehin von vornherein beabsichtigen. Denn für menschliche Kontakte ist oft weder die Muße vorhanden noch das Interesse. Und das ist doch schade!

Die sprichwörtliche Gemütlichkeit beim Wiener Heurigen. The proverbial *gemütlichkeit* at the Viennese *heurige* tavern.

Im Gasthaus Pauser sammelte man für Noten und Instrumente. At the Pauser tavern, guests could donate for scores and instruments.

to race. In spite of having little interest in the story of the neighbour, one would feign fascination and hear the story out with understanding. That was of benefit to the storyteller, so that an evening at the *heurige* could even be a kind of therapy session.

Notable among the many different kinds of customer at *heurige* taverns were (and are) the legendary wine buffs. Often sitting quite by themselves, they would stare deep into their glass for hours on end, consciously savouring each sip of the noble manna and understanding what their palate was telling them. Another group were those who sought company and relaxation after work. The gentry would also drop by, not averse to mixing socially with ordinary folk over a glass of wine. In the 270-year history of the 10-er Marie tavern in Ottakring, for example, many famous people would call in. Past celebrity guests included Crown Prince Rudolf and his singing coachman Bratfisch, the composer Schubert, waltz king Johann Strauss senior, Hungarian operetta king Ferenc Lehár and poet Josef Weinheber, who took Vienna 'literally', as the title of one work suggests ("Wien wörtlich").

The sad thing is that, in many *heurige* taverns, the long tables that brought people together have disappeared. The little tables for two or maximum four people cannot replace their social function. They separate people. And if you arrive alone, that's how you'll leave ... which is what many people want from the start, these days. There is often neither time nor interest in human contact. Quite a pity, really.

Things are different in the *beisl*-type inn, where the social side still seems OK. *Beisl* comes from Yiddish *baiz*, which simply means 'small house', and there is a grain of wisdom in the term. An inn *à la viennoise* should not be too large, otherwise it's not a *beisl*. The bar is the focal point here, and is mostly besieged by men. That is where they drink their beer or wine, hold forth and gossip. That is where news – sensations and surprises from the neighbourhood – is passed on. Formalities of fraternisation are few – people immediately adopt the *du* form. In such cases, social class doesn't count. With a glass of draught wine or beer in the hand, all are equal.

Whereas the passing trade often quenches its thirst at the bar, the regulars' table – without whom no self-respecting Viennese *beisl* can hold up its head – is a closed company. You're either in – or you're nowhere. For the insiders, their table is where world politics are fashioned, if only in theory. That's the feeling, anyway, which can border on fanaticism. Each insider is a petty dictator whose kingdom expands with every glass. That comes across in the song "Das kleine Beisl". Originally Dutch, it was endowed with a Viennese text: "People get worked up and talk from the heart about things that really get their goat. Wine and beer provide many people with solutions to all the problems in the world," it advises.

Somewhere in the fog of beer and smoke, problems sometimes really are solved at the *beisl*. Most of them concern people from the neighbourhood. If the story gets round the *beisl* that something's happened to someone in the vicinity or there's an emergency, the Viennese heart of gold is often stirred, because everyone knows the person concerned and sympathises. And wants to help. A spontaneous whip-round among those present soon follows, to provide immediate assistance. Or the local amateur football team based in the *beisl* puts on a charity match for the benefit of those concerned. That's an established tradition in the city. In the 20th century, the Alt Wien orchestral society relied on the Viennese heart of gold. At the Pauser Inn in Meidling, they supplied the regulars' table with a sign in the form of a drum-shaped collecting box labelled "Please help us buy music and instruments." No doubt it was not left empty. After all, the Viennese love music.

So it does not take long to track down the often mentioned Viennese heart of gold. The *heurige* tavern and *beisl* are good places to start. But they are not the only option.

Anders ist das im Beisl, wo die soziale Welt noch in Ordnung scheint. In der Bezeichnung – „Beisl" kommt vom jiddischen „Baiz", was schlicht und einfach „kleines Haus" bedeutet – steckt eine wesentliche Aussage: Ein richtiges Wirtshaus nach Wiener Art darf nicht allzu groß sein, sonst ist es eben kein Beisl mehr. Den Mittelpunkt desselben bildet meist die Schank, die vor allem von Männern umlagert ist. Sie trinken dort ihr Bier oder ihren Wein, plaudern und tauschen Neuigkeiten aus. Hier erfährt man, was es im Grätzl an Neuem, Überraschendem oder gar Sensationellem gibt. Ohne große Verbrüderungsformalitäten spricht man einander sofort mit „Du" an. Da spielt es keine Rolle, aus welcher Gesellschaftsschicht jemand stammt – beim Stehachterl oder beim Seidl vom Fass sind alle gleich.

Während an der Schank oft „Laufkundschaft" ihren Durst stillt, ist die Stammtischrunde, ohne die einem echten Wiener Beisl etwas Wesentliches fehlt, eine geschlossene Gesellschaft, Für Leute, die nicht dazugehören, ist sie tabu. In dieser illustren Runde – als das empfinden sie zumindest die Mitglieder – wird auch große Weltpolitik gemacht, natürlich nur theoretisch, bisweilen sogar mit Fanatismus. Jeder fühlt sich da wie ein kleiner Staatschef. Jedes Achtel mehr erweitert den Horizont. Das wird in dem Lied „Das kleine Beisl" geschildert, das zwar aus Holland stammt, aber mit einem wienerischen Text versehen wurde: „Man redet sich heiß, und spricht sich von der Seele, was einem die Laune vergällt. Bei Wein und bei Bier findet mancher die Lösung für alle Probleme der Welt …"

Zwischen Bierdunst und Zigarettenqualm werden im Beisl manchmal tatsächlich Probleme gelöst. Meist solche, die Menschen aus dem Grätzel betreffen. Wenn im Lokal die Runde macht, dass jemand aus der Umgebung ein Unglück hatte oder in Not geraten ist, regt sich oft das Goldene Wienerherz, denn alle kennen den Betroffenen und leiden mit ihm. Und sie wollen ihm beistehen. So wird beispielsweise spontan eine kleine Sammlung bei den Gästen veranstaltet, um rasch zu helfen. Oder eine Hobby-Fußballmannschaft, die ihren Sitz im Lokal hat, tritt zu einem Benefizspiel für den vom Unglück Getroffenen an. Das war schon immer gute Tradition in der Stadt. An das Goldene Wienerherz appellierte auch der Orchesterverein „Alt Wien" im vergangenen Jahrhundert. Da stand als Stammtischschild im Meidlinger Gasthaus Pauser eine Box in Form einer Trommel mit der Aufschrift „Freiwillige Spenden zur Anschaffung von Noten und Instrumenten". Und da der Wiener die Musik liebt, wird sie wohl nicht leer geblieben sein.

Wir müssen also nicht lang suchen, um dem oft zitierten Goldenen Wienerherz zu begegnen. Beim Heurigen und im Beisl ist es zu Hause – aber nicht alleine dort!

Nachbarschaftshilfe und Freiwilligenarbeit

Mutual Support and Voluntary Work

Nachbarschaftshilfe und Freiwilligenarbeit

Persönliches Engagement, das tagtäglich Kranken, alten Menschen oder Nachbarn aus anderen Kulturkreisen zugute kommt, stärkt den Zusammenhalt in der Wohnhausanlage oder im Grätzel. Nicht zu vergessen auch die ehrenamtliche Arbeit unzähliger Menschen, ohne die Rettungs- und Hilfsorganisationen kaum bestehen könnten!

Der Karl-Marx-Hof im Wiener Bezirk Döbling ist der wohl berühmteste Gemeindebau in der Stadt, steinernes Symbol des sozialen Aufstiegs der unterprivilegierten Menschen. Geht man an der mehr als einen Kilometer langen Fassade entlang, so denkt man unwillkürlich an eine Festung, und das nicht zu Unrecht, tobten hier doch im Bürgerkrieg des Jahres 1934 die Kämpfe zwischen Republikanischem Schutzbund und Heimwehr.

Die vielen gepflegten Grünflächen lassen diese unselige Zeit aber rasch vergessen: Hier spielen Kinder, sitzen ältere Menschen – in einer Art geschützter Öffentlichkeit, einer eigenen Welt hinter den riesigen, halbrunden Portalen, einer Oase der Ruhe, die den Straßenverkehr bis heute abwehrt. Seinerzeit, im Jahre 1930, als die ersten Mieter einzogen, kam die Infrastruktur des Karl-Marx-Hofes einer Revolution gleich: Wo gab es damals schon Kindergärten, Waschküchen, eine Zahnklinik, eine Bibliothek, Läden und so viel Grün auf dem Gelände einer Wohnhausanlage? Diese vielen Plätze, an denen man einander traf, schweißten die Menschen, die hier lebten, zusammen. Man wusste, wer der andere war – und half ihm selbstverständlich, auch wenn es um Kleinigkeiten ging. Ein Mieter, der schon in den Anfangstagen des Gemeindebaus dort einzog, erinnert sich: „Wenn man im Hof war und Durst hatte, hat man gerufen, dann ist irgendwo ein Fenster aufgegangen und eine Milchkanne mit Wasser wurde herunter gereicht. Einer kannte den anderen."

Das hat sich in den vergangenen Jahrzehnten etwas geändert, als viele Migranten in den Karl-Marx-Hof einzogen – die Anonymität, die das Leben in der Großstadt heute prägt, hält auch hier Einzug. Sie hat viele Ursachen: Nicht zuletzt

Mutual Support and Voluntary Work

Personal commitment to help the chronically sick, old people or neighbours from other cultural groups reinforces the social cohesion of housing estates or local residential areas. Not to mention the voluntary work of countless people without whom the rescue and aid organisations could scarcely get by.

Karl Marx Hof in the Viennese suburb of Döbling is probably the most famous municipal tenement block in the city, a symbol in stone of the social rise of the underprivileged. The façade is nearly a ¾ mile long, and if you pace it on foot, you are inevitably reminded of a fortress. The analogy is apt, because this is the scene of some of the fiercest fighting in the Civil War of 1934 between the republican Schutzbund and right-wing Heimwehr paramilitaries.

The numerous carefully tended green lawns soon dispel memories of those harsh times. There are children at play, older folk sitting out in a kind of protected public space, a separate world behind the huge, semi-circular gateways, an oasis of peace where vehicular traffic is still banned. In its day, when the first tenants moved in (1930), this housing block was tantamount to a revolution in Vienna. Where else at that time were there kindergartens, laundries, a dentistry clinic, a library, shops and so much greenery within a housing estate? The many courtyards where people crossed paths forged a sense of community in those who lived here. People knew each other – and helped each other out, even if only in trivial ways. A tenant who moved in during the early days of the estate recalls: "If you were in the yard and were thirsty, you called out, and somewhere a window would go up and a milk jug with water in it would be handed down. People knew each other."

That has rather changed in recent decades, as many immigrants have moved in to the Karl Marx Hof. The anonymity of the big cities has seeped in here as well. There are many reasons for it. One is that, lacking skills in German, immigrants often stick with their own kind. Often enough, it is difficult to establish contacts across cultures because many people hesitate to take the initiative in breaking down barriers. And quite a few Viennese are wary of foreigners, or simply unable to handle dealings with them. But the Viennese heart of gold beats on, even in this huge edifice. As part of an EU KASS (Kinship and Social Security) programme, Elisabeth Strasser of the Institut für Kultur- und Sozialanthropologie of the University of Vienna carried out a first-hand, 10-month study of life at the Karl Marx Hof focusing on ways people support each other via family and non-family networks, during which she had detailed conversations with people living there. Older tenants complained that, as far as mutual support was concerned, much had got worse over the last 80 years. People didn't know their neighbours the way they used to, and people were not outgoing, as used to be taken for granted in this tenement block. In many of these conversations, the passing of the "good old days" was a constant lament. But as Elisabeth Strasser discovered, it was particularly such older people who still maintained close contact with neighbours.

A survey has to be meticulous, so social anthropologist Strasser also got in touch with personnel of the social services active at the Karl Marx Hof. They told her that, compared with other Viennese housing estates, mutual

wegen mangelnder Sprachkenntnisse bleiben die Zuwanderer oft unter sich. Kontakte zwischen den Menschen aus verschiedenen Kulturkreisen sind nicht selten schwer zu knüpfen, weil sich viele nicht trauen, die Barrieren aus eigener Initiative zu überwinden. Und nicht wenige Wiener stehen Fremdländischem skeptisch, bisweilen sogar hilflos gegenüber. Doch das Goldene Wienerherz schlägt weiter, auch in diesem gigantischen Bau. Elisabeth Strasser vom Institut für Kultur- und Sozialanthropologie der Universität Wien hat im Rahmen des EU-Projekts KASS (Kinship and Social Security), das sich der Frage „Wie unterstützen einander Menschen heutzutage über familiäre und nichtfamiliäre Netzwerke?" widmete, zehn Monate lang das Leben im Karl-Marx-Hof hautnah studiert und ausführliche Gespräche mit Leuten, die dort wohnen, geführt. Ältere Mieter klagten darüber, dass sich, was die Nachbarschaftshilfe betrifft, in den vergangenen 80 Jahren vieles zum Schlechten hin entwickelt habe. Man kenne die Nachbarn nicht mehr so gut wie früher, und die Menschen seien nicht mehr so offen, wie es in dieser Wohnhausanlage stets selbstverständlich gewesen sei. In vielen dieser Gespräche schwang Trauer um die „gute, alte Zeit" mit. Aber, so stellte Elisabeth Strasser fest, es sind gerade die Älteren, die auch heute noch zum Teil recht intensive Kontakte zu den Nachbarn pflegen.

Wissenschaft muss exakt sein – und so wandte sich die Sozialanthropologin auch an die Mitarbeiterinnen und Mitarbeiter sozialer Hilfsdienste, die im Karl-Marx-Hof tätig sind. Von ihnen erfuhr sie, dass die gegenseitige Unterstützung der Menschen hier im Vergleich zu anderen Wiener Gemeindebauten sehr hoch sei. „Es wird mehr Nachbarschaftshilfe geleistet, als die Leute glauben mögen", zieht Elisabeth Strasser Bilanz. Eine positive Bilanz, die einmal mehr bestätigt, dass das Goldene Wienerherz keineswegs zu schlagen aufgehört hat.

Großgeschrieben wird Nachbarschaftshilfe auch im Ernest-Bevin-Hof, einem Gemeindebau in Wien-Hernals: Um neuen Mietern die Einbindung in die Wohngemeinschaft zu erleichtern, wird ihnen ein sogenannter Buddy zur Seite gestellt. Hinter diesem englischen Wort verbirgt sich ganz einfach ein Freund oder, auf Wienerisch, ein Spezi. Die Idee dazu hatte der langjährige Mieter Karl Kainz. Er wusste, dass es in jeder Hausgemeinschaft – neben der Hausordnung – auch nicht schriftlich festgehaltene Gepflogenheiten gibt, die sich im Laufe der Jahre von selbst entwickeln. Sie dienen einem rücksichtsvollen Zusammenleben der Menschen und regulieren das soziale Gefüge.

Kainz setzte sich mit „wohnpartner", dem „Nachbarschafts-Service im Wiener Gemeindebau", sowie engagierten Altmietern zusammen – und so wurde das „Buddy-Projekt" geboren. Es ist mit wenigen Worten zu beschreiben: Altmieter

Karl-Marx-Hof

support was very strong there. "There's more mutual support than people like to think," Elisabeth Strasser concludes. This positive outcome confirms once again that the Viennese heart of gold certainly hasn't stopped beating.

Mutual support is also very strong at the Ernest Bevin Hof, a tenement building in the Hernals part of Vienna. To make it easier for new tenants to become integrated into the community, they are allocated 'buddies', who are official 'friends' simply there to help and explain. The idea came from long-standing tenant Karl Kainz. He knew that, in every residential community, there are unwritten rules along with the normal written regulations. The rules develop over the years, so that tenants have consideration for each other, and they therewith regulate the social system. Kainz got together with Wohnpartner (the neighbourhood support organisation for municipal housing estates) and enthusiastic long-standing tenants, and dreamed up the buddy scheme. It takes only a few words to describe it. Long-standing tenants provide new tenants with advice and practical support so they can integrate into their new neighbourhood. The initiative has been so successful that a similar scheme called "Welcome, Neighbour" has been put in hand at the Karl Wrba Hof in Favoriten. This means that, from the first, people know their fellow residents. They get beyond nodding acquaintance, and are not left trapped in social isolation.

Karl Kainz is justly proud of the success of his idea: "The buddy scheme has proved itself 100%. Since we launched it, there has not been a single problem between new and old tenants. People who move in here also know where to turn if they need help."

"I got the idea," he says about the background of the scheme, "because I wanted to make use of the good contacts I had particularly with tenants with an immigrant background to

unterstützen Neumieter mit Rat und Tat bei der Eingliederung in die neue Wohngemeinschaft. Diese Initiative hatte so großen Erfolg, dass bereits ein ähnliches Projekt unter dem Motto „Willkommen Nachbar" im Karl-Wrba-Hof in Favoriten läuft. So lässt sich von Anfang an verhindern, dass die Menschen ihre Mitbewohner nicht kennen, dass sie aneinander vorbeileben – und dabei möglicherweise sozial vereinsamen.

Karl Kainz freut sich zu Recht über den Erfolg seiner Idee: „Das Buddy-Projekt hat sich zu 100 Prozent bewährt. Seit wir damit begonnen haben, gab es kein einziges Problem mehr zwischen Alt- und Neumietern. Die Menschen, die zu uns gezogen sind, wissen nun überdies, wohin sie sich wenden sollen, falls sie Hilfe brauchen."

„Auf die Idee kam ich", erzählt Karl Kainz über die Anfänge des Projekts, „weil ich meine guten Kontakte, die ich speziell zu Mietern mit Migrationshintergrund habe, nützen wollte, um mit deren Hilfe neue Bewohner mit gleichem und ähnlichem kulturellen Hintergrund sofort beim Einzug in die Wohnhausanlage anzusprechen. So können ihnen die Regeln und Gebräuche der Anlage durch einen Buddy vermittelt werden. Und es kommt von vornherein zu keinen Konflikten." Ein einfaches, aber wirksames Rezept: Wie problemlos Zusammenleben sein kann, wenn alle an einem Strang ziehen, einander respektieren und beistehen! Die gute Saat, die Karl Kainz gestreut hat, ist auch woanders aufgegangen: Dieses Vorzeigeprojekt wurde unter dem Titel „Willkommen im Gemeindebau" auf ganz Wien ausgeweitet.

Ein nicht alltägliches Motiv für die Gründung einer Initiative zur Nachbarschaftshilfe hatte der Wiener Peter Kollmann – für ihn war die Liebe die treibende Kraft. Es begann damit, dass die Lebensgefährtin des Mannes eine schwere Knieoperation über sich ergehen lassen musste und danach die Hausarbeit nicht mehr allein bewältigen konnte. Kollmann suchte darauf Unterstützung bei öffentlichen Stellen, aber eine Haushaltshilfe zu finden, war schwieriger, als er gedacht hatte: Betreuer, die sich bei ihm vorstellten, waren entweder nicht qualifiziert genug oder machten keinen seriösen Eindruck. Das Haupthindernis waren jedoch die Kosten. Man musste den Helfern Mindestzeiten bezahlen, auch wenn diese nicht in Anspruch genommen wurden. Eine halbe Stunde zum Einkaufen genügt aber manchmal – warum also tiefer in die Tasche greifen?

Dem um seine Lebensgefährtin besorgten Wiener blieb nichts anderes übrig, als selbst anzupacken. Das sprach sich herum, zumal Peter Kollmann auch noch anderen Menschen beistand, die Hilfe brauchten. Als er immer öfter um Unterstützung gebeten wurde, gründete er kurzerhand eine Initiative in Sachen Nachbarschaftshilfe und fand bald Mitstreiter.

An den Nachbarschaftstagen beteiligen sich neun Millionen Menschen in 1100 europäischen Städten. Nine million people celebrate the Neighbours' Day in 1,100 European cities.

get to new residents with the same or a similar cultural background immediately they moved into the block. The buddy can therefore explain to them the rules and customs of the estate. So that avoids conflicts from the first." A simple but effective recipe as to how hassle-free co-existence can be if everyone pulls together, respect and support each other. The good seed that Karl Kainz sowed has germinated elsewhere as well. This pioneering project has been extended to the whole of Vienna in the "Welcome to the Municipal Tenements" scheme.

A rather less obvious motif lay behind Peter Kollmann's initiative for mutual support. For him, it was a matter of love. It began when his partner needed to undergo a serious knee operation and afterwards was unable to do the housework by herself. Kollmann turned to the official bodies for assistance, but getting domestic help was more difficult than he had expected. The carers who turned up were either not sufficiently qualified or failed to make a serious impression. But the chief problem was cost. Carers had to be paid a minimum time, even if it could not be used. But sometimes all that was needed was half an hour to go shopping. So why dig deeper in your pocket?

Concerned about his partner, Peter Kollmann was left no alternative but to work things out for himself. Word got around, chiefly because Peter himself supported other people who needed help. When he was asked for help more and more often, he launched a mutual support initiative without further ado, and soon found other people to join in.

We find similar things when we look beyond the frontiers of Vienna, for example in Upper Austria. Timesozial is a modular scheme in which a 'time bank' as a currency system, a time-based caring system and organised mutual support are linked with a business network for small and medium-sized companies. The founders started from two circumstances. The first is that, for numerous reasons, people who need help these days don't care to ask for help. The other is that many people – the unemployed, housewives or pensioners, for example – have time, and would also use it to do various services for society. Timesozial brings the two groups together. Anyone who helps others for an hour gets a time certificate entitling him to an hour's help in return. Everyone can do things that particularly suit them to help others, and in return gets help when he or she finds it hard to cope with other things. It is an example worth copying, and presumably would be enthusiastically supported in Vienna as well.

Good neighbourliness has even become an international movement. Every year there is a worldwide Neighbours' Day, and Vienna is of course a member of the movement. The initiative was launched in Paris in 1999 as La Fête des Voisins/Immeubles en Fête. By 2000, the whole of France had taken up the idea. In 2003 Belgium joined in, and since then the idea has spread over Europe. Vienna joined in 2008,

Timesozial bringt Menschen, die Unterstützung brauchen, mit Menschen zusammen, die Unterstützung geben.
Timesozial brings together people in need for assistance with people who give assistance.

Ähnliches findet sich, wenn wir über die Stadtgrenzen Wiens hinausblicken, beispielsweise in Oberösterreich: „Timesozial" ist ein modular aufgebautes Modell, in dem eine sogenannte Zeitbank als „Währungssystem", ein Zeitvorsorgesystem und organisierte Nachbarschaftshilfe mit einem Wirtschaftsnetzwerk für kleine und mittlere Unternehmen verknüpft sind. Die Vereinsgründer gingen von zwei Tatsachen aus: Zum einen trauen sich Hilfsbedürftige heutzutage aus zahlreichen Gründen oft nicht mehr, um Unterstützung zu bitten, zum anderen haben viele Menschen – Arbeitslose oder Hausfrauen ebenso wie Pensionisten – Zeit und würden diese auch nutzen, um verschiedene Leistungen für die Gesellschaft zu erbringen. „Timesozial" bringt beide Gruppen zusammen: Wer anderen eine Stunde lang hilft, bekommt einen Zeitgutschein, mit dem er selbst Anspruch auf eine Stunde Hilfe hat. Jeder kann mit Tätigkeiten, die ihm besonders liegen, andere unterstützen; umgekehrt wird ihm dann bei Aufgaben, mit denen er überfordert ist, unter die Arme gegriffen. Eine nachahmenswerte Idee, die auch in Wien vermutlich auf begeisterte Resonanz stoßen würde …

Die gute Nachbarschaft ist sogar schon zu einer internationalen Bewegung geworden: Alljährlich findet weltweit ein Nachbarschaftstag statt, an dem sich selbstverständlich auch Wien beteiligt. Die Initiative nahm im Jahr 1999 in Paris ihren Anfang, als in der Seine-Metropole das „Immeubles en fête", das Fest der Nachbarn, ins Leben gerufen wurde. 2000 feierte bereits ganz Frankreich, 2003 stieg in Belgien zum ersten Mal das Nachbarschaftsfest, und damit nahm die Veranstaltung europäische Dimensionen an. 2008 schloss Wien sich an, und 2009 begingen schon mehr als neun Millionen Menschen in 1100 Städten Europas und anderer Kontinente diesen Tag der Nachbarschaft, mit dem Solidarität und sozialer Zusammenhalt in den Städten gefördert werden sollen. Unsere Nachbarn scheinen uns doch nicht so gleichgültig zu sein, wie es manchmal behauptet wird …

2010 gingen in Wien die Einladungen zu Dutzenden Veranstaltungen des Nachbarschaftstages in allen Bezirken hinaus. Da wurde gemeinsam gekocht, gesportelt, geplaudert, gespielt und musiziert. So gab es beispielsweise auf dem Volkertplatz in Wien-Leopoldstadt ein Picknick und Singen für alle, im Freihausviertel auf der Wieden aßen und tranken alte und neue Österreicher miteinander – und knüpften natürlich Kontakte. Dazu stand eine erkleckliche Anzahl von Hof- und Gartenfesten auf dem Programm. Bei einem interkulturellen Austausch in der Brigittenau wurden die Ridwan-Moschee in der Dresdner Straße und die katholische Kirche in der Vorgartenstraße besucht. Was wir selbstverständlich noch erwähnen müssen, und dies gerne: Wien erhielt 2009 im Rahmen

and by 2009 Neighbours' Day brought out over nine million people in 1,100 cities throughout Europe and other continents, demonstrating solidarity and promoting social cohesion. Our neighbours seem to us not as indifferent as is sometimes claimed.

In 2010, invitations were sent out to dozens of Neighbours' Day events in Vienna in all districts. Shared activities included cooking, sports, chatting, playing and music-making. In Leopoldstadt, for example, there was a picnic and singing for all in Volkertplatz, while in the Freihaus area on the Wieden Austrians old and new ate and drank together – and of course made contact. There were a considerable number of courtyard and park events on the programme. In an inter-cultural exchange in Brigittenau, visits were paid to the Ridwan mosque in Dresdner Strasse and the Catholic Church in Vorgartenstrasse. What we are of course very glad to mention is that, as part of International Neighbours' Day in 2009, Vienna was awarded the prize for the "friendliest city". The Vienna heart of gold was beaming away in the background there, you may be sure.

In view of this colourful palette of activities, we perhaps need to revise our image of the harassed men and women of our day who are supposed to have lost all contact with their fellow humans. Or in Vienna, at any rate. After all, Vienna is different.

Neighbourhood support is a fine thing, and important – it keeps interpersonal relationships going, which these days threaten to atrophy. Ultimately, it's not about someone going shopping for someone else who's ill, making life easier for the disabled or keeping an eye on a single mother's child living next door while she goes to the doctor. These small activities and everyday acts strengthen social contacts, in fact, which particularly in the cities are becoming more and more non-committal anyway.

All of this takes place in a clearly definable environment – the tenement building, housing estate, or other residential unit. People help each other because they know each other well. But we also need to bear in mind that, without the voluntary, unpaid work of countless people many services that seem to us so much a part of everyday life we no longer notice them would scarcely exist. In Vienna alone, there are more than 40 organisations that take on volunteers. Similarly, clubs could scarcely function without volunteer staff, who sacrifice a good part of their free time.

Rescue services, Samaritans, Friends of Nature and others who rely on volunteer support in Vienna got together in an umbrella organisation called Helfer Wiens (Vienna Helpers). Within this organisation, the K Group welds 30 organisations – Knights of St John, Friends of Nature, Lifeguards, Forestry Office, Mountain Rescue Service and the Red Cross, to mention just a few – into a "worldwide unique symbol of the collaboration between volunteer and professional emergency response organisations within a huge city". Wolfgang Kastel, managing director of Helfer Wiens, is proud of it.

Many people are unaware that even the Red Cross in Vienna is substantially reliant on volunteers, with 1,200 of them working unpaid for the society. Members of the Maltese Hospital Service (MHDA), who are volunteers without exception, put in around 100,000 hours a year, for example looking after the sick and disabled. And what happens in case of fires? Then the full-time Floriani Jünger are called in – there are around 1,600 of them in Vienna. In Süssenbrunn and Breitenlee, where the 22nd district of Vienna passes into Marchfeld, are the only volunteer fire brigades in the city, with around 50 active members stationed.

Throughout Austria, around 1.9m men and women volunteers work for organisations and

des internationalen Nachbarschaftstages den Preis für die „freundlichste Stadt". Da glänzt im Hintergrund voll Stolz das Goldene Wienerherz!

Angesichts dieser bunten Palette von Aktivitäten sollten wir das Bild der gehetzten Frauen und Männer unserer Tage, denen angeblich alle Kontakte zu den Mitmenschen verloren gegangen sind, vielleicht doch revidieren. Zumindest in Wien. Wien ist eben doch anders ...

Nachbarschaftshilfe ist etwas Schönes und Wichtiges – und sie hält die heute ohnehin manchmal verkümmerten zwischenmenschlichen Beziehungen in Schwung. Denn schließlich geht es nicht nur darum, dass jemand für einen Kranken einkaufen geht, Menschen mit Behinderung das Leben erleichtert oder auf das Kind der alleinerziehenden Mutter in der Wohnung nebenan aufpasst, wenn sie zum Arzt muss. Diese kleinen Tätigkeiten und Handgriffe im Alltag stärken vielmehr die sozialen Kontakte, die vor allem in den Städten ohnehin immer unverbindlicher werden.

Das alles spielt sich in einer überschaubaren Umgebung ab – in der Wohnhausanlage, in der Siedlung, im Grätzel. Der eine ist für den anderen da, weil er ihn gut kennt. Aber wir sollten uns auch vor Augen führen, dass es ohne die freiwillige, unbezahlte, ehrenamtliche Arbeit unzähliger Menschen manche Dienste, die uns so alltäglich erscheinen, dass wir sie gar nicht mehr besonders wahrnehmen, kaum geben würde. Allein in Wien bieten mehr als 40 Organisationen die Möglichkeit zu helfen. Das Vereinsleben wiederum würde ohne ehrenamtliche Mitarbeiter, die oft einen guten Teil ihrer Freizeit opfern, nur auf Sparflamme dahinköcheln.

Rettung, Samariterbund, Naturfreunde und andere, die in der Bundeshauptstadt auf ehrenamtliche Unterstützung angewiesen sind: Sie alle wurden in einer Dachorganisation zusammengefasst, den „Helfern Wiens". Innerhalb der Helfer Wiens bündelt der „K-Kreis" 30 Organisationen – Johanniter, Naturfreunde, Wasserrettung, Forstamt, Bergrettung und das Rote Kreuz, um nur einige zu nennen – zu einem „weltweit einzigartigen Symbol für die Zusammenarbeit der freiwilligen und beruflichen Hilfs- und Einsatzorganisationen in einer Millionenstadt", zeigt sich Wolfgang Kastel, Landesgeschäftsführer der Helfer Wiens, stolz.

Selbst das Rote Kreuz kommt, was viele vielleicht nicht wissen, in Wien nicht ohne Freiwillige aus – 1200 Menschen leisten hier unbezahlt Dienst an der Gesellschaft! Die Mitglieder des Malteser Hospitaldienstes, die ausnahmslos unentgeltlich helfen, erbringen rund 100.000 Arbeitsstunden im Jahr, etwa bei der Betreuung von Kranken und Behinderten. Und wenn es in Wien brennt? Dann

Freiwillige Helfer sind im Pflegebereich unverzichtbar. Volunteers are indispensable in the fields of home and medical care.

clubs. According to Wolfgang Kastel, it is impossible to say how many there are in Vienna: "It would be sheer guesswork. We don't keep lists, but every extra helping hand is welcome." But one thing is clear – around 35% of the populace does unpaid work, or every third inhabitant.

Why does anyone take on unpaid volunteer work in the first place? If you ask, the answer is the same in 90% of cases: "It's fun." It's good to hear that. Other motivation is keenness to help others and supporting the general welfare, plus forging and maintaining social contacts. In many cases, people enjoy putting their knowledge, skills and experience to good use. And almost half of them explicitly mention the social aspect: "I meet people and make friends." Voluntary work is never a springboard to a paid job.

Those who don't do volunteer work generally have a more or less plausible reason why not. Around 70% mention family duties they do, or incompatibility with their occupation. Other reasons include "No-one's ever asked me," and "I never thought about it."

The argument that people might not know where to go to sign up as a volunteer worker doesn't hold water. Organisations that welcome helpers with open arms exist in Vienna like sand in the sea. You need for example only look at the website of the Volunteer Exchange (Ehrenamtsbörse) founded in May 1999. Here you find a long alphabetical list of places needing volunteer input. To select a few at random: visitor services for old people's homes, care of children and the elderly, coaching for secondary modern pupils or integration centres, playing chess with the blind or assisting in a local museum. The range certainly extends far beyond the Red Cross and Friends of Nature. All of these services rely on people with the Viennese heart of gold.

rücken hauptberufliche Floriani-Jünger aus, von denen es in der Bundeshauptstadt rund 1600 gibt. Dort, wo der 22. Wiener Bezirk ins Marchfeld übergeht, in Süßenbrunn und Breitenlee, sind indes die einzigen Freiwilligen Feuerwehren der Bundeshauptstadt mit etwa 50 Aktiven stationiert.

In ganz Österreich arbeiten rund 1,9 Millionen Frauen und Männer ehrenamtlich in Organisationen und Vereinen. Wie viele es in Wien sind, lässt sich laut Wolfgang Kastel nicht schätzen: „Das wäre unseriös. Eine Auflistung haben wir nicht, aber jede helfende Hand mehr ist willkommen." Eines ist jedenfalls klar: Rund 35 Prozent der Wiener sind unbezahlt tätig – immerhin jeder dritte Einwohner der Stadt!

Warum engagiert sich überhaupt jemand für eine freiwillige, unbezahlte Tätigkeit? Fragt man nach, wird man von 90 Prozent die gleiche Antwort erhalten: „Es macht mir Spaß!" Eine erfreuliche Aussage. Weitere Motive sind die Begeisterung am Dienst für den Nächsten und die Unterstützung des Gemeinwohls sowie das Knüpfen und Aufrechterhalten sozialer Kontakte. Viele haben zudem Freude daran, ihre eigenen Kenntnisse, Fähigkeiten und Erfahrungen zu nützen. Und fast die Hälfte bringt eine soziale Komponente ins Spiel: „Ich treffe Menschen und gewinne Freunde." Überhaupt keine Bedeutung kommt der ehrenamtlichen Tätigkeit als Sprungbrett für einen bezahlten Job zu.

Wer keine Freiwilligenarbeit leistet, hat meist auch eine mehr oder minder plausible Erklärung dafür. Rund 70 Prozent sehen ein Hindernis in familiären Aufgaben, die sie ausfüllen, oder in einer Unvereinbarkeit mit dem Beruf. Andere Begründungen lauten beispielsweise: „Ich bin niemals gefragt oder gebeten worden", oder: „Darüber habe ich nie nachgedacht."

Das Argument, dass jemand nicht wisse, wohin er sich in Sachen freiwilliger Arbeit wenden solle, ist jedenfalls nicht stichhaltig. Organisationen, die Helfer mit offenen Armen aufnehmen, gibt es auch in Wien wie Sand am Meer. Man braucht nur auf der Website der im Mai 1999 gegründeten Ehrenamtsbörse zu suchen: Hier steht in endloser Reihe alphabetisch aufgelistet, was da so alles an freiwilligen Tätigkeiten notwendig ist. Greifen wir ein paar davon heraus: Wie wär's etwa mit Besuchsdiensten in Pensionistenheimen, Betreuung von Kindern und älteren Menschen, einer Lernnachhilfe für Hauptschüler oder im Integrationshaus, Schachspielen mit Blinden oder Mitarbeit in einem Bezirksmuseum? Die Angebote reichen jedenfalls weit über Rotes Kreuz und Naturfreunde hinaus. Sie wenden sich an Menschen mit dem Goldenen Wienerherz.

Der Wiener, die Gäste und die Fremden

Native, Local, or Just Passing Through?

Heiße Würstel

Der Wiener, die Gäste und die Fremden

Die einstige Hauptstadt der Monarchie blickt auf eine jahrhundertelange Einwanderungsgeschichte zurück. Kaum ein „echter Wiener", der seine Wurzeln nicht anderswo hat … Möglicherweise ist das eine Erklärung dafür, dass sich das Goldene Wienerherz durch eine überdurchschnittliche Hilfsbereitschaft gegenüber Gästen aus dem Ausland auszeichnet.

Nicht wenige Wiener teilen jene Menschen, die nicht wie sie in der österreichischen Metropole leben oder gar hier geboren sind, in verschiedene Gruppen ein, denen gegenüber sie ein differenziertes Verhalten an den Tag legen.

Da gibt es beispielsweise die Gäste – Touristen, die Wien besuchen. Sie sind meist ohne Wenn und Aber willkommen. Möglicherweise, weil sie Geld bringen, oder – das mag jetzt ein wenig böse klingen – weil sie nicht lange bleiben. Und dann wären da noch die Zuwanderer, die von einer erklecklichen Anzahl von Wienern nicht über einen Leisten geschlagen werden. In den Augen vieler Bewohner der Bundeshauptstadt ist es nämlich nicht einerlei, ob jemand aus Salzburg, Serbien, der Türkei oder China stammt. Der Erstgenannte verfügt über den Bonus des Österreichers. Der Chinese wiederum ist willkommen, weil er im Großen und Ganzen ein Leben im Verborgenen – oft nur im eigenen Familienkreis – führt. Und wenn er in der Öffentlichkeit auftritt, dann als Gastwirt … was ihm beim kulinarisch orientierten Wiener viele Pluspunkte einbringt. Zu Türken, Serben und anderen Zuwanderern aus dem Osten hingegen haben viele Wiener ein zwiespältiges Verhältnis. Vielleicht, weil sie diese Menschen nicht so gut kennen und mit ihren Sitten und Gebräuchen wenig vertraut sind. Dabei haben viele, die sich heute als echte Wiener fühlen, ihre Wurzeln in jenen Ländern, deren Bürger sie nun skeptisch beäugen – als Fremde.

Werfen wir einen Blick zurück ins Wien um 1900. Zwischen 1850 und der Wende zum 20. Jahrhundert war die Bevölkerung der Habsburgermetropole von rund 500.000 Einwohnern auf zwei Millionen explodiert. Zuwanderer kamen aus allen Winkeln der Donaumonarchie in die Hauptstadt, weil sie auf ein besseres Leben, einen zumindest bescheidenen Wohlstand hofften: galizische Juden,

Native, Local, or Just Passing Through?

The former capital of the monarchy has attracted immigrants for centuries. A large proportion of "real" Viennese have in fact their roots elsewhere. That is possibly an explanation why the Viennese heart of gold displays above-average readiness to help visitors from abroad.

It is not uncommon for the Viennese to divide those people who don't live in the Austrian capital or were not born here into different groups, and their behaviour towards them differs according to group.

There are for example the tourists visiting the city. They are mostly welcome to locals without any ifs and buts. Possibly because they bring money or – and that may sound rather malicious – because they don't stay long. And then there are the immigrants, whom a considerable number of Viennese do not measure by the same yardstick. In the eyes of many inhabitants of the capital, it is not all the same whether somebody comes from Salzburg, Serbia, Turkey or China. The former has the advantage of being Austrian. The Chinese are also welcome, because by and large they live their lives out of sight, often only among their own family. And if they do appear in public, it's usually as a restaurateur, which earns them extra points among the cuisine-minded Viennese. Many Viennese on the other hand have an ambivalent relationship with Turks, Serbs and other immigrants from the East. Perhaps this is because they don't know these people so well, and are less familiar with their mores and customs. Yet many people who now feel they are real Viennese have their roots in those countries whose citizens they view askance – as foreigners.

Let us have a quick look back at Vienna in 1900. Between 1850 and the fin de siècle, the population of the Habsburg capital exploded from around 500,000 inhabitants to 2,000,000. Immigrants came from all corners of the Danube monarchy into the capital in the hope of finding a better life and at least a modest degree of prosperity: Jews from Galicia, Czechs and Slovaks, Croatians, Bosnians, Hungarians and Italians. They all clattered into Vienna, the promised land, on carts or in trains. It is no surprise that national, social and economic tensions soon disturbed the coexistence of various population groups and nations. But at the same time, thanks to all these people from different countries, Vienna was within a short time a cultural melting pot with a diversity whose traces are still felt today. So "multiculti", to use a controversial modern buzzword, actually existed far more than a century ago.

Boundaries were initially rather carefully drawn in the colourful pot-pourri of nations that was the Monarchy, but these were gradually broken down. People intermarried, and the onetime immigrants and their descendants began to feel they belonged. Sometimes of course it took generations for that to happen. Over time, it ceased to matter where your family came from. Today, if you ask someone whose grandparents once migrated from the Bohemian Forest or the Hungarian puszta about their allegiance, they will of course describe themselves as Viennese. And why not?

Interestingly, there is currently a 'back to the roots' movement in the other direction. The Viennese education authorities thought it might be a good idea to have project days on the subject of 'frontierless neighbourliness'. In a variety of ways,

Tschechen und Slowaken, Kroaten, Bosnier, Ungarn und Italiener – sie alle rumpelten auf Karren oder in Eisenbahnzügen nach Wien, in die Stadt ihrer Verheißung. Kein Wunder, dass bald nationale, soziale und wirtschaftliche Spannungen das Nebeneinander der verschiedenen Bevölkerungsgruppen und Völker trübten. Aber gleichzeitig war Wien dank all dieser Menschen verschiedener Herkunft binnen kurzer Zeit ein kultureller Schmelztiegel mit einer Vielfalt, deren Spuren bis in unsere Tage nachwirken. „Multikulti" – um diese Entwicklung mit einem bisweilen umstrittenen Modewort von heute zu benennen – hat also schon vor weit mehr als einem Jahrhundert begonnen.

Nach und nach verwischten im bunten Völkergemisch der Monarchie die anfangs akribisch genau gezogenen Grenzen. Man heiratete untereinander, die einstigen Zuwanderer und ihre Nachkommen begannen sich als Wiener zu fühlen. Manchmal brauchte es freilich Generationen, bis es so weit war. Die Frage der Herkunft einer Familie versank mit der Zeit in der Bedeutungslosigkeit. Fragt man heute jemanden, dessen Großeltern einst aus dem Böhmerwald oder der Puszta zugewandert sind, nach seiner Zugehörigkeit, so wird er sich selbstverständlich als Wiener bezeichnen. Warum auch nicht?

Interessanterweise lässt sich aktuell eine Bewegung zurück zu den Wurzeln beobachten. Im Wiener Stadtschulrat wurde die gute Idee geboren, Projekttage zum Thema „Grenzenlose Nachbarschaft" anzubieten. Lehrer aus Tschechien, der Slowakei und Ungarn bringen auf vielfältige Weise Wiener Volksschülern ihr Heimatland näher – jenes Land, aus dem die Vorfahren vieler dieser Mädel und Buben einst gekommen sind. So können vielleicht längst zerrissene Bande wieder neu geknüpft werden. Schließlich sind die Grenzen zu diesen drei Nachbarländern vor geraumer Zeit gefallen: Die EU fügt zusammen, was nach dem Ende des Kaiserreichs zersplittert ist.

Seit jeher ist Wien ein beliebtes Ziel für Touristen. Heute reisen mehr Gäste als jemals zuvor in die Donaumetropole – und die Wiener empfangen sie zumeist mit offenen Armen. Im Umgang mit den Besuchern beweisen die Menschen der Donaumetropole nämlich, dass das viel zitierte Goldene Wienerherz in ihrer Brust schlägt. Wenn ein Gast um Hilfe bittet, wird sie ihm zuteil. Wer's nicht glaubt, möge in einer internationalen Studie aus den USA nachlesen: Robert V. Levine von der California State University in Fresno hat herausgefunden, dass Wien, was die Hilfsbereitschaft betrifft, in einem Vergleich von 23 Weltstädten auf Rang fünf liegt – als beste europäische Stadt! New York beispielsweise landete weit abgeschlagen auf Platz 22.

Wie Levine zu seinen Ergebnissen kam, ist höchst interessant: In jenen Städten, die kritisch unter die Lupe genommen wurden, führten der Psychologieprofessor und

In Sachen Hilfsbereitschaft für Gäste sind die Wiener Europameister. The Viennese are Europe's No. 1 when it comes to helping strangers.

teachers from the Czech Republic, Slovakia and Hungary present to Viennese primary school children the reality of their homelands – the countries from which the ancestors of many of the boys and girls came from. This enables many long-severed ties to be re-established. After all, the frontiers to those three neighbouring countries were dismantled a while ago. The EU puts together what fell apart after the end of the Empire.

Vienna has always been a popular tourist destination. These days, more visitors are coming here than ever before, and the Viennese generally welcome them with open arms. In their dealings with the visitors, the people of the city demonstrate that the much-quoted Viennese heart of gold beats in their breasts. If a visitor asks for help, he gets it. If you don't believe that, just consider an American study by Robert V. Levine of California State University in Fresno. He found that, as far as readiness to help is concerned, Vienna ranked fifth in a comparison of 23 cities of the world. And it was the best in Europe! New York for comparison ranked way down at 22.

It is very interesting how Levine arrived at his results. In the cities that he put under the microscope, the professor of psychology and his students carried out various experiments. For example, someone would drop a pen on the pavement. And then they watched whether passers-by drew attention to the fact or even picked the pen up. In another experiment, someone with a plate on his leg that looked like an injury struggled to pick up a newspaper from the ground. Close attention was paid to exactly how fellow human beings reacted towards a disabled person. The point of the third experiment was to find out whether and how people helped an obviously blind person to cross the road at a junction.

We don't want to go into the details of the "Kindness of Strangers" survey, but just make do here with the general trends. Readiness to help, so Robert V. Levine found, is higher in economically weak countries with a slower pace of life. The laudable exceptions were Vienna at rank five, and Copenhagen at rank seven. Yet another indicator of the existence of the Viennese heart of gold.

The fact that the Viennese are not only ready to help the disabled but are also well-disposed towards the hordes of visitors from home and abroad was established in a systematic study of tourism in Vienna. The Viennese are proud that their city is so attractive to tourists. Even if the number of visitors should continue to rise, the locals take a positive view of that. And they want visitors to feel that they are welcome. In practice, that means that the Viennese feel compelled to be hospitable and are of course ready to provide any assistance to any visitor they meet out walking, in cafés or in restaurants. If there are language barriers, then hands and feet have to be employed for communication. It always works out in the end – the Viennese are very inventive there.

Visitors who spend longer in Vienna can also take good memories of the city and its inhabitants home with them, as one student from Cologne discovered who spent an exchange term at university in Vienna. On reaching home, she posted on the web site of the medical faculty of the university in her home city: "My impressions of the course of studies and, above all, of the city of Vienna with its countless cultural attractions and the occasionally rather peculiar Viennese were overall very positive, and I can only recommend everyone to take part in an exchange there."

A panegyric that delights us – and goes a little way to correcting the image of the bad-tempered, grouchy Viennese that is still considered reality here and there. Not only Vienna is different – the real Viennese also do not necessarily correspond to the rather negative image of them that continues to exist.

seine Studenten verschiedene Experimente durch. Zunächst einmal ließ eine Person irgendwo auf dem Gehsteig einen Schreibstift fallen. Und dann wurde beobachtet, ob jemand den Passanten auf seinen Verlust aufmerksam machte oder gar selbst den Stift aufhob. Bei einem anderen Versuch wollte jemand mit einer Beinschiene, die eine Verletzung vortäuschte, eine Zeitung vom Boden aufheben. Es wurde genau registriert, wie sich die Mitmenschen dem Gehbehinderten gegenüber verhielten. Ziel des dritten Versuchs war zu eruieren, ob und auf welche Weise Mitmenschen einem offensichtlich Blinden beim Überqueren einer Kreuzung behilflich sind.

Wir möchten die Ergebnisse der Untersuchung „The Kindness of Strangers" nicht bis ins Detail zerpflücken, sondern begnügen uns hier mit den allgemeinen Trends: Die Bereitschaft zu helfen, so fand Robert V. Levine heraus, ist in wirtschaftlich schwachen Ländern mit einem langsameren Lebensrhythmus höher. Die rühmlichen Ausnahmen: Wien auf Platz fünf und die dänische Hauptstadt Kopenhagen auf Platz sieben. Wieder ein Indiz für die Existenz des Goldenen Wienerherzens!

Dass die Wiener nicht nur Menschen mit Behinderung hilfreich beistehen, sondern auch den Gästescharen aus dem In- und Ausland wohlgesinnt sind, kam im Rahmen einer wissenschaftlichen Untersuchung des Tourismus in der Donaumetropole ans Tageslicht: Die Wiener sind stolz, dass ihre Stadt so attraktiv für Touristen ist. Selbst wenn der Gästestrom weiter anschwellen sollte, sehen die Einheimischen das positiv. Und sie möchten die Gäste spüren lassen, dass sie willkommen sind. In der Praxis heißt das, dass die Wiener sich zur Gastfreundschaft verpflichtet fühlen und selbstverständlich zu jeder Hilfestellung bereit sind, um die sie beim Spaziergang, im Kaffeehaus oder Restaurant ein Wien-Besucher bittet. Gibt's sprachliche Barrieren, müssen eben Hände und Füße zur Verständigung herhalten. Irgendwie geht's immer – die Wiener sind da sehr erfinderisch.

Gute Erinnerungen an die Stadt und deren Bewohner darf auch mit nach Hause nehmen, wer länger in Wien zu Gast ist. Wie eine Studentin aus Köln, die ein Auslandssemester an der Wiener Universität absolvierte. Sie postete danach auf der Website der Medizinischen Fakultät der Universität ihrer Heimatstadt: „Meine Eindrücke von dem Studium und vor allem der Stadt Wien mit ihren unzähligen kulturellen Angeboten und den mitunter sehr eigenwilligen Wienern waren insgesamt sehr positiv, und ich kann nur jedem empfehlen, dort an einem Austausch teilzunehmen."

Ein Lob, das uns freut – und das Bild vom grantigen, raunzenden Wiener, das da und dort immer noch für Realität gehalten wird, wieder ein wenig zurechtrückt. Nicht nur Wien ist anders, auch der echte Wiener entspricht nicht unbedingt dem teils negativen Klischee, das nach wie vor von ihm existiert.

Ein Herz für Flüchtlinge
A Heart for Refugees

Ein Herz für Flüchtlinge

Österreich hat in den letzten Jahrzehnten hunderttausenden Flüchtlingen Schutz vor Verfolgung und ein neues Zuhause geboten. Ob Ungarnkrise, Fall der Berliner Mauer oder Öffnung des „Eisernen Vorhangs": Die Wiener hatten alle Hände voll zu tun, ihr Goldenes Herz unter Beweis zu stellen. Und sie taten es auf beeindruckende Weise!

Die Gräuel des Zweiten Weltkrieges waren den Wienern noch in deutlicher Erinnerung – kein Wunder, die Kapitulation Hitler-Deutschlands lag erst elf Jahre zurück. Man schrieb 1956. Der Herbst zog ins Land, zwölf Monate zuvor hatte der letzte Besatzungssoldat österreichischen Boden verlassen. Alle freuten sich, dass endlich Friede eingekehrt war, als in unserem östlichen Nachbarland plötzlich neue Kämpfe aufflammten: Die ungarische Revolution warf ihre Schatten auch nach Österreich.

Es hatte am 23. Oktober mit einer Studentendemonstration begonnen. Dabei blieb es aber nicht – innerhalb weniger Tage weitete sich der Protest zu einem landesweiten Aufstand gegen das verhasste stalinistische Regime aus. Die Folgen hätte man voraussehen müssen: Sowjetische Panzer walzten den Widerstand erbarmungslos nieder. Mehr als 180.000 Ungarn flohen Hals über Kopf vor der Waffengewalt, vor Tod und Verderben über die rettende österreichische Grenze. Das waren immerhin ungefähr so viele Menschen, wie in jener Zeit in Linz lebten.

Es verging kein Tag, da nicht Scharen von Flüchtlingen ins Land strömten, das ihnen angesichts der dramatischen Ereignisse als rettende Insel erschien. Lesen wir doch eine Meldung der Austria Presse Agentur (APA) vom 21. November 1956, die über diese Tragödie emotionslos, im nüchternen Nachrichtenstil berichtete: „In der Zeit von heute, 9 Uhr, bis 21 Uhr kamen rund 3600 ungarische Flüchtlinge über die österreichische Grenze und ersuchten um Asyl. Durch den Einsatz aller verfügbaren Transportmittel ist es im Laufe des heutigen Tages gelungen, den Flüchtlingsstau im Burgenland zu einem beträchtlichen Teil abzubauen. Während sich gestern Abend noch ungefähr 7000 Ungarn im Grenzgebiet aufhielten, waren es heute Abend trotz starken Zustroms während des Tages nur mehr rund 6000.

A Heart for Refugees

Since the mid-20th century, Austria has offered hundreds of thousands of refugees shelter from persecution and new homes. Whether during the Hungarian crisis, the fall of the Berlin Wall or the lifting of the Iron Curtain, the Viennese had their work cut out to prove they had golden hearts. And they did it most impressively.

Autumn 1956. The horrors of the Second World War were still fresh in Viennese minds. And little wonder, since the capitulation of Hitler's Germany was only 11 years earlier. Almost yesterday, a bare 12 months ago, the last soldiers of the occupying armies had finally left Austrian soil. Everyone was sighing with relief that finally peace had come when suddenly new fighting broke out to the east. The Hungarian Revolution had broken out, and cast its shadow on Austria.

It had begun with a student demonstration in Budapest on 23rd October. But it didn't stop there. Within days, protest had developed into nationwide revolt against the hated Communist regime. Perhaps the outcome was predictable: Soviet tanks ruthlessly crushed resistance. In the face of the military violence, death and destruction, more than 180,000 Hungarians fled in fear of their lives to the safety of Austria. That was approximately as many people as were living at that time in Linz.

Not a day passed but crowds of refugees streamed across the border into a country that appeared as a safe haven amid all the turmoil.

On 21st November 1956, Austrian press agency APA reported on this tragedy without emotion, in sober news style: "In the time from nine o'clock this morning until nine o'clock this evening, around 3,600 Hungarian refugees crossed the Austrian border and claimed asylum. Thanks to the deployment of all available means of transport, it proved possible in the course of the day to reduce the bottleneck of refugees in Burgenland considerably. Whereas yesterday evening there were still around 7,000 Hungarians in the frontier zone, despite a further wave coming over during the day, the number has fallen to around 6,000 by this evening. A number of the refugees who had to wade across water channels on their way to the frontier are in bad physical condition. Many of the Hungarians arrived in Austria with totally inadequate, damp clothing." How much suffering these people had to put up with and how many personal and family dramas were involved can only be read between the lines.

As the days passed, the small wooden frontier bridge near Andau spanning the Einser Canal built to drain Lake Neusiedler became a symbol of international understanding, and the name of the small Burgenland village, hitherto virtually unknown, rang out across the world overnight. 70,000 refugees escaped to freedom across the bridge at Andau. In 1957, Pulitzer prizewinner James A. Michener wrote a novel about it called "The Bridge at Andau", in which he wrote: "If I ever have to flee, I hope it can be to Austria." The American author chose his words consciously, since he saw how the refugees were looked after here. The solidarity with people who had had to leave their homes at ultra-short notice, carrying only a bare minimum of possessions, was impressive. The population, the aid organisations, the federal government, the federal states and the communes – which naturally included the city of Vienna – helped

Ein Teil der Flüchtlinge, die auf ihrem Weg zur Grenze Wasserläufe durchwaten mussten, befindet sich in schlechter körperlicher Verfassung. Zahlreiche Ungarn kommen nur mit äußerst mangelhafter und nasser Bekleidung nach Österreich." Wie viel Leid diese Menschen ertragen mussten, wie viele persönliche und familiäre Dramen sich da abspielten, können wir nur zwischen den Zeilen lesen.

Die kleine, hölzerne Grenzbrücke bei Andau, die über den zur Entwässerung des Neusiedler Sees angelegten sogenannten Einserkanal führte, wurde in diesen Tagen zum Symbol der Völkerverständigung, und der bis dahin kaum bekannte Name der kleinen burgenländischen Gemeinde ging über Nacht in alle Welt hinaus. 70.000 Flüchtlinge fanden über die Brücke von Andau den Weg in die Freiheit. Pulitzer-Preisträger James A. Michener widmete ihr 1957 den Roman „The Bridge at Andau", in dem er schreibt: „Müsste ich je flüchten, so hoffe ich, dass es nach Österreich sein kann." Der amerikanische Autor wählte seine Worte bewusst, sah er doch, wie die Flüchtlinge hierzulande aufgenommen wurden. Die Solidarität mit den Menschen, die von einer Stunde auf die andere, nur mit dem Allernötigsten ausgestattet, die Heimat verlassen mussten, war beeindruckend. Die Bevölkerung, die Hilfsorganisationen, Bund, Länder und Gemeinden – natürlich auch die Stadt Wien – halfen, wo immer sie konnten. Aus der ganzen Welt kam Unterstützung. Und die Wiener hatten eine gute Gelegenheit zu zeigen, dass ihr legendäres Goldenes Herz nach wie vor schlug.

Wiens Bürgermeister Franz Jonas bat die Bürger der Stadt, den Flüchtlingen aus Ungarn beizustehen. Seine Worte fielen auf fruchtbaren Boden. Anfang November 1956 sagte er: „Als in der vorvergangenen Woche die ersten Nachrichten über die Ereignisse in Budapest eintrafen, hielten nicht nur wir, sondern die ganze Welt den Atem an. Die Wiener Bevölkerung überwand sehr schnell die erste Überraschung und tat das einzig Richtige: Sie mobilisierte ihre Herzen. Binnen weniger Stunden wurden in allen Kreisen der Bevölkerung Hilfsaktionen organisiert, die einen ungeahnten Widerhall fanden. In wenigen Tagen türmten sich die Liebesgaben zu Bergen, und schon konnten die ersten Transporte an die ungarische Grenze abgehen. Die Wiener Bevölkerung übertraf sich selbst in ihrer Hilfsbereitschaft und gab damit der übrigen Welt ein leuchtendes Beispiel. Aus vollem Herzen danke ich allen, die zu dem großartigen Erfolg der Wiener Hilfsaktionen beigetragen haben, vor allem aber jenen, die aus einem schmalen Beutel die Ungarnhilfe so begeistert unterstützten." Apropos schmaler Beutel: Es ist auch heute noch eine bewundernswerte Tatsache, dass gerade Menschen, die selbst nicht wohlhabend sind, für ihre Verhältnisse großzügig spenden. Bei Katastrophen und Ähnlichem öffnen sich die Herzen unserer Landsleute weit.

Die Brücke von Andau. The bridge at Andau.

Flüchtlinge rissen zum Andenken Stücke aus den österreichischen Fahnen an der Grenze, die von den Bundesheersoldaten regelmäßig erneuert werden mussten. At the border, refugees ripped out pieces of the Austrian flags as souvenirs, which had to be replaced constantly by Austrian soldiers.

wherever they could. Support poured in from all over the world. And the Viennese had a good opportunity to show that their legendary hearts of gold continued to beat.

Vienna mayor Franz Jonas asked his fellow citizens to assist the refugees from Hungary. His words fell on fertile soil. At the beginning of November 1956, he said: "When the first news of the events in Budapest broke the week before last, people waited with bated breath not only here but all over the world. The Viennese population very soon got over the first shock of surprise, and reacted the only proper way possible. They mobilised their hearts. Within a few hours, aid campaigns were organised among all sections of the population, and encountered an unimagined response. In a few days, mountains of charitable gifts piled up, and the first transports set off for the Hungarian frontier. The population of Vienna outdid itself in its readiness to help, and therewith set the rest of the world a brilliant example. From the bottom of my heart, I thank everyone who contributed to the great success of the Viennese aid campaigns, but particularly those who so enthusiastically supported help for Hungary from straitened purses." Apropos of straitened purses, it is still an admirable fact even today that particularly people who themselves are not prosperous are generous givers relative to their circumstances. In the case of catastrophes and the like, the hearts of our countrymen open wide.

The transports carrying aid to the Hungarian frontier were important, but the real problem of the uprising in our neighbour to the east was the endless columns of refugees. Said Mayor Jonas: "It is probably first and foremost the duty of the state to look after the refugees. But in the name of humanity, I ask all Viennese to help the refugees when the call goes out to them." And they responded. "The readiness to help was simply there," recalls someone who came over the frontier at that time. Johann

Szegö later found his feet in Vienna, even becoming president of the Vienna Guide Service. After he came across, Szegö had been surprised to be looked after by the Catholic student body without anyone asking whether he was Catholic, Protestant, Jewish or an atheist.

The Viennese authorities had meantime got to work. Even as the first Hungarian refugees were abandoning their homes and heading for the Austrian frontier, extensive preparations were under way to provide care and accommodation for them. The Youth Office took the younger children under its wings. A fleet of city buses were on the road non-stop, ferrying principally babies and infants from the reception unit at Traiskirchen to the municipal children's homes in Gaaden, Eichbühel and Emmersdorf.

However, the Viennese aid effort was only part of it. Behind it stood the rest of Austria and the wider world, all ready to help. The inhabitants of Oxford for example sent five trucks carrying 23,000 kilos of foodstuffs, blankets and clothing. Mayor Jonas was there to welcome the contribution of a Viennese woman living in Oxford – a rucksack and a pram blanket. In a touching accompanying letter, the woman wrote why she sent these things in particular: "The rucksack went with us on countless excursions in the Vienna Woods. When we left Vienna in 1938, it contained everything that my 12-year-old daughter was able to bring with her. The blanket was a baptismal gift from a Hungarian relative from a happier Budapest. May both gifts serve as portents of better days from better days."

The CARE packages that had enabled many Austrians to survive in the postwar years were seen once again in Austria, sooner than perhaps anyone had expected, as a contribution to the Austrian aid effort. CARE supplied people in the refugee camps in Vienna, Lower Austria and Burgenland with rice, dried milk and other foodstuffs, plus hygiene packages, warm

Die Transporte mit Hilfsgütern an die ungarische Grenze waren wichtig – doch zum eigentlichen Problem des Aufstandes der östlichen Nachbarn wurden die endlosen Kolonnen von Flüchtlingen. Dazu Bürgermeister Jonas: „Es ist wohl in erster Linie Aufgabe des Staates, für die Flüchtlinge zu sorgen. Im Namen der Menschlichkeit bitte ich aber alle Wienerinnen und Wiener, wenn der Ruf an sie ergeht, auch den Flüchtlingen zu helfen." Und diese folgten dem Ruf. „Die Hilfsbereitschaft war einfach da", sagt heute einer, der damals über unsere Grenze kam: Johann Szegö fand sich später in Wien gut zurecht und brachte es bis zum Präsidenten der Wiener Fremdenführer. Nach seiner Flucht war Szegö überrascht gewesen, in der Katholischen Hochschulgemeinde versorgt worden zu sein, ohne dass ihn jemand gefragt hätte, ob er katholisch, evangelisch, jüdisch oder Atheist sei.

Die Gemeinde Wien entwickelte in diesen Tagen eine emsige Betriebsamkeit. Schon als die ersten Ungarn ihre Heimat in Richtung österreichischer Grenze verließen, begannen umfangreiche Vorbereitungen für die Versorgung und Unterbringung der magyarischen Flüchtlinge. Das Jugendamt nahm die kleineren Kinder unter seine Fittiche. Städtische Autobusse waren pausenlos unterwegs, um vor allem Säuglinge und Kleinkinder von der Auffangstelle Traiskirchen in die städtischen Kinderheime in Gaaden, Eichbühel und Emmersdorf zu bringen.

Die Wiener befanden sich mit ihrer Hilfe aber nicht allein auf weiter (internationaler) Flur – das Ausland stand ihnen bei. So spendete die Bevölkerung Oxfords fünf Lastautos mit 23.000 Kilo Lebensmittel, Decken und Kleidung. Bürgermeister Jonas durfte persönlich die Spende einer in der englischen Universitätsstadt lebenden Wienerin in Empfang nehmen – einen Rucksack und eine Kinderwagendecke. In einem rührenden Brief schrieb die Frau, warum sie gerade diese Dinge geschickt hatte: „Der Rucksack hat uns auf unzähligen Ausflügen in den Wienerwald begleitet. Bei unserer Ausreise aus Wien im Jahre 1938 enthielt er die ganze Habe, die meine damals zwölf Jahre alte Tochter mitnehmen durfte. Die Decke ist das Taufgeschenk einer ungarischen Verwandten aus einem glücklicheren Budapest. Mögen die beiden Spenden als Symbol aus besseren Tagen für bessere Tage dienen."

Auch die CARE-Pakete, die in den Nachkriegsjahren vielen Österreichern das Überleben gesichert hatten, kehrten in diesen Tagen – so bald hatte das wohl niemand erwartet – wieder in unser Land zurück, als Unterstützung für die Hilfe von heimischer Seite. In den Flüchtlingslagern in Wien, Niederösterreich und im Burgenland erhielten die Menschen von CARE Reis, Trockenmilch und andere Nahrungsmittel, dazu Hygienepakete, warme Decken und Heizmaterial. Später kam zu den Lebensmitteln noch geistige Nahrung dazu: An Studentinnen und Studenten wurden Bücher verteilt, damit sie ihre Ausbildung nicht zu lange unterbrechen mussten. Eine Starthilfe für die Zukunft. Die Post unterstützte die Ungarnhilfe ebenfalls – sie brachte eine eigene Sondermarke heraus.

Natürlich wurde auch in Wien Geld für die Ungarnflüchtlinge gesammelt. Unzählige Büchsen mit der Aufschrift „Ungarnhilfe" tauchten plötzlich im Stadtbild auf. Und die Wiener griffen gerne in die Geldbörsen – besonders wenn prominente Künstler die Büchsen in den Händen hielten. Da machten Karl Farkas und Heinz Conrads ebenso mit wie Ernst Waldbrunn und Marika Rökk, Fritz Muliar, Gerhard Bronner, das gesamte Ensemble der Löwinger Bühne und viele mehr. Auch Sportler gesellten sich zu dieser illustren Schar von Spendensammlern. In den Wiener Theatern baten die Ensemblemitglieder das Publikum persönlich, mit der Sammelbüchse in der Hand, um einen Obolus. Wer konnte – und wollte – da schon Nein sagen …

Geld war selbstverständlich wichtig in diesen hektischen Tagen – doch die Flüchtlinge brauchten auch Unterkünfte. Und die bekamen sie. Die Stadt Wien stellte den Ungarn einige ehemalige Schulgebäude zur Verfügung. Da diese nicht ausreichten, mussten überdies Schulen, in denen unterrichtet wurde, als vorläufige Quartiere herhalten. Für Mädchen und Buben gab es Wechselunterricht mit den „Gastgebern", wie schon in den ersten Monaten nach Kriegsende, als noch viele Lehranstalten Raumprobleme wegen der Bombenschäden hatten und Heizmaterial fehlte. Aber Improvisieren hat in Wien ja schon immer gut funktioniert – und die Schüler freuten sich über diese unerwartete Abwechslung. Kritische Stimmen kamen höchstens vom Bund. Kanzler Julius Raab stellte kurz und bündig fest: „Wir können nicht die Wohltäter für alle Welt sein." Worte, die freilich so manchem Wiener gar nicht gefielen.

Mehr als 180.000 Flüchtlinge waren über die ungarische Grenze nach Österreich gekommen, doch nur eine Minderheit wollte bleiben. Die meisten entschieden sich für die Weiterreise in ihre „Traumländer", in die Vereinigten Staaten, nach Kanada, Großbritannien oder Australien. Lediglich 15.000 Ungarn fanden in Österreich eine neue Heimat, fast alle von ihnen in Wien, wo sie sehr schnell in der neuen Umgebung zurechtkamen und bald integriert waren. Österreich bewies damals übrigens einigen Mut, als es allen Ungarn sofort Asyl gewährte – wer wusste denn schon, ob nicht in der Folge die sowjetischen Panzer in unser Land rollen würden!

Flüchtlingselend hatten Österreich und speziell Wien ja schon während des Zweiten Weltkrieges aus unmittelbarer Nähe erlebt – unser kleiner Staat nahm

blankets and heating material. Later, intellectual nourishment followed the foodstuffs: books were distributed among those still in education so that their studies should not be interrupted too long. It was jump-starting a new future. The post office authorities likewise promoted aid to the Hungarians, bringing out a special stamp.

Collections for the Hungarian refugees were of course organised in Vienna as elsewhere. Countless collection tins labelled "Aid for Hungary" suddenly appeared on the city scene. And the Viennese dug willingly into their pockets, particularly when celeb artistes were holding the tins. Karl Farkas, Heinz Conrads, Ernst Waldbrunn, Marika Rökk, Fritz Muliar, Gerhard Bronner, the whole ensemble of the private Löwinger Theatre Company and many others were among those out there shaking the tins. Sports figures likewise joined in this illustrious host of charity collectors. In Vienna's theatres, members of the cast appealed personally to audiences for donations, collecting tins in their hands. Who could – or would – say no in such a situation?

Money was of course important in those hectic days – but refugees also needed accommodation. And got it. The city of Vienna made a number of former school buildings available for the Hungarians. As these were not enough, schools still in use had to be provisionally commandeered as accommodation. Hungarian boys and girls alternated with their "hosts" in having lessons, as in the first months after the War, when many schools and teaching institutions had space problems due to air-raid damage and lack of heating fuel. But improvising has always been a Viennese forte – and the Austrian pupils were delighted with the unexpected change of routine. Critical voices were only heard from the federal government. Chancellor Raab observed tartly: "We can't be benefactors to all the world." Words that did not please many a Viennese.

More than 180,000 refugees had crossed into Austria, but only a minority wanted to stay. Most opted to go on to the destinations of their dreams – the USA, Canada, Britain and Australia. Only 15,000 Hungarians found new permanent homes in Austria, almost all of them in Vienna, where they soon found their feet in the new environment and were integrated.

It was an act of political courage at the time to grant immediate asylum to all Hungarians, for who could tell that the Soviet tanks would not roll into Austria once again?

Austria – and particularly Vienna – had experienced refugee misery at first hand during World War II, when the small country absorbed more than half a million people forced out of their homelands. 190,000 of them were still in Austria in 1955. The number of immigrants today looks small in comparison.

In 1976, the Hungarians in the federal capital were officially recognized as a minority. Right from the first, there were no problems with integration. The refugees were just there, and were completely accepted by the Viennese. That's how easily things went in those days. Living with neighbours from the east was something Austrians could handle without difficulty. After all, the ties that had linked the two countries in days of the Dual Monarchy had never really been severed. And many distinguished Hungarians had long been part of the Austrian scene, to mention only Ferenc Lehár, Imre Kálmán, Ignác Semmelweis, or Ferenc Molnár, who have long been seen by many as honorary Austrians (even though Molnár wrote in Hungarian, including his play "Liliom", which was adapted for German-language stages by Alfred Polgar).

Somewhat more than a decade later, the Viennese had another opportunity to show their hearts as people streamed across the border from behind the Iron Curtain. In 1968, Soviet tanks were once again involved, this time in crushing the Prague Spring at birth, putting an end to the political thaw in Czechoslovakia.

180.000 Ungarn suchten 1956 Zuflucht in Österreich. In 1956, 180,000 Hungarians sought refuge in Austria.

in dieser Zeit mehr als eine halbe Million Menschen auf, die ihre Heimat hatten verlassen müssen. 1955 befanden sich immer noch 190.000 von ihnen in Österreich. Dagegen nimmt sich die Zahl der heutigen Zuwanderer gering aus.

1976 wurden die Ungarn in der Bundeshauptstadt offiziell als Minderheit anerkannt. Probleme mit der Integration gab es von Anfang an nicht: Die Flüchtlinge waren eben da und wurden von den Wienern voll und ganz akzeptiert. So einfach ging das seinerzeit. Mit den östlichen Nachbarn leben – das konnten die Österreicher ohne größere Schwierigkeiten, war doch das Band, das seinerzeit in der Monarchie unsere Landsleute mit den Magyaren verbunden hatte, nie wirklich gerissen. Und viele prominente Ungarn waren von den Österreichern längst „eingebürgert" worden, zumindest gefühlsmäßig: Franz Lehár, Emmerich Kálmán, Ignaz Semmelweis, Franz Molnár, um nur einige zu nennen, wurden und werden von vielen als Österreicher betrachtet … auch wenn etwa Molnár seine Werke in ungarischer Sprache schrieb, selbst den urwienerischen „Liliom", den Alfred Polgar dann für die deutschsprachige Bühne einrichtete.

Etwas mehr als ein Jahrzehnt später hatten die Wiener erneut Gelegenheit, ein Herz für Menschen zu zeigen, die in Scharen aus einem Nachbarland zu uns kamen: 1968, als sowjetische Panzer den „Prager Frühling" im Keim erstickten und das politische Tauwetter in der Tschechoslowakei gewaltsam beendeten. Wieder galt es Flüchtlinge aufzunehmen – und die Wiener ließen einmal mehr ihr Goldenes Herz sprechen.

Das konnten sie auch während der Polenkrise 1981, als der Versuch, das Land von der Basis her zu demokratisieren, fehlschlug und infolge der Unruhen 120.000 Menschen nach Österreich flüchteten. Und sie hatten in den turbulenten Herbsttagen des Jahres 1989, als die Berliner Mauer fiel und gleichzeitig der Kommunismus des Ostblocks im Strom der Geschichte versank, neuerlich Gelegenheit dazu. „Die Welt hat seit 1945 nur wenige positivere Ereignisse erlebt, und wir alle sind um eine große Hoffnung reicher", schrieb der damalige Wiener Bürgermeister Helmut Zilk an seine Berliner Amtskollegen Walter Momper und Erhard Krack. Und gratulierte „zu der großartigen und menschlich tief bewegenden Entwicklung in Berlin".

Diesem historischen Ereignis waren aufregende Wochen und Monate vorausgegangen – auch für Österreich und für Wien. Ungarn hatte im Sommer 1989 die Grenzen zu unserem Land, den berüchtigten „Eisernen Vorhang", geöffnet und den Bürgern der damaligen DDR die Ausreise in den Westen garantiert. Die Wirkung dieser Maßnahme war enorm: Damit begann nämlich eine kleine Völkerwanderung. Der Auftakt erfolgte in der Nacht vom 10. auf den 11. September

Once again there were refugees to look after – and once again the Viennese showed their hearts of gold.

The latter were needed yet again during the crisis in Poland in 1981, when the attempt to democratize the country from the bottom up went wrong and 120,000 Poles fled to Austria in the resulting unrest. And yet again in the turbulent autumn days of 1989 leading up to the fall of the Berlin Wall, as Communism in Eastern Europe passed into history. Wrote the Viennese mayor of the time, Helmut Zilk, to his colleagues in Berlin Walter Momper (West Berlin) and Erhard Krack (East Berlin), saying "the world has seen few more positive events since 1945, and we are all richer for a great hope," congratulating them on the "tremendous, deeply moving and humane development in Berlin."

This historic event had been preceded by weeks and months of excitement that involved Austria and Vienna. In summer 1989, Hungary opened the border to Austria, thus raising the notorious Iron Curtain and guaranteeing East German citizens the liberty to travel to the West. The effect of this measure was enormous, setting off almost a mass migration. The rush started on the night of 10th/11th September 1989. On the dot of midnight, a rust-brown Lada with an East German family in it swept unchecked through the frontier post at Hegyeshalom towards the Austrian frontier post in Nickelsdorf, heading for Vienna. It was followed by an endless column of vehicles full of people only too anxious to be finally quit of the "workers' paradise" of East Germany, which in fact was more like a large prison. It must have been rather similar as when the columns of carts took pioneers to conquer the Wild West in the 19th century. Then of course there had been no roads.

Austria was all prepared for the onslaught. Already in the first villages after Nickelsdorf, thoughtful minds had laid in stocks of goods where citizens from the east could stock up with everything they needed – free of charge, of course. There was off-the-peg clothing donated by Austrians. There were drinks for the thirsty, and children could rummage among toys. The warm reception for the travellers was sincere. They felt they were welcome – and that means a lot when you are setting off for a new life.

And then, on 9th November 1989, the Berlin Wall finally fell. There was no longer anything to stop people from Eastern Europe visiting the countries of the West, which up to then had been virtually out of reach. Vienna braced itself for a mass onslaught of citizens from neighbouring countries of the Eastern Bloc. The city therefore convoked a crisis team in all haste. Within a few days and nights, schemes were drawn up to regulate traffic and guarantee security. Nothing was to get out of hand – everything should proceed in orderly fashion.

In those days, many Viennese citizens went to City Hall to offer visitors from the countries of the former Danube Monarchy assistance – free accommodation, money, ordinary everyday things, car parts, etc. Many people were even more resolute in demonstrating their hearts of gold: without hesitation, they offered their services wherever needed. People from the East were received as if they were the prodigal sons returning home at last.

The city of Vienna welcomed guests from Czechoslovakia with a brochure entitled "Vítáme vás!" (Welcome!), a title that matched the Viennese mood. The helpful brochure, which was available right at the frontier, contained information and facts about Vienna, a city plan and a small dictionary.

So that there should be no language barriers for visitors, a telephone service in Czech was set up. The idea proved its worth, because by the second day there were already 500 calls. The facilities for visitors from the east also included parking places where information was available

1989. Um Schlag Mitternacht rollte eine Familie aus Ostdeutschland in einem rostbraunen Lada ungehindert über den Grenzübergang Hegyeshalom-Nickelsdorf und fuhr in Richtung Wien. Dahinter eine endlose Kolonne von Autos mit Menschen, die alle glücklich waren, endlich das ostdeutsche „Arbeiterparadies", das eigentlich nichts anderes als ein großes Gefängnis war, verlassen zu können. So ähnlich muss es ausgesehen haben, als sich im 19. Jahrhundert die Wagenkolonnen der Pioniere zur Eroberung des Wilden Westens in Bewegung setzten. Damals fehlten allerdings noch die Straßen.

Österreich war für diesen Ansturm gerüstet. Schon in den ersten Dörfern nach der Grenze hatten gute Geister regelrechte Warenlager eingerichtet, in denen sich die Bürger aus dem Osten mit allem eindecken konnten, was sie brauchten. Ohne Bezahlung natürlich. Da gab es Kleidung von der Stange, gespendet von den Österreichern. Wer Durst hatte, fand Getränke, und Kinder konnten im Spielzeug wühlen. Der Empfang für die Reisenden war herzlich, sie fühlten, dass sie willkommen waren – und das ist sehr viel, wenn jemand irgendwo neu anfangen will.

Und dann, am 9. November 1989, fiel die Berliner Mauer. Die Menschen aus dem Ostblock hinderte nun nichts mehr daran, in die Länder des Westens zu reisen, die vorher für sie praktisch unerreichbar gewesen waren. Wien erwartete einen Massenansturm von Bürgern aus den östlichen Nachbarländern. Die Stadt berief deshalb in aller Eile einen Krisenstab ein. Innerhalb weniger Tage und Nächte wurden Konzepte ausgearbeitet, um den Verkehr zu regeln und die Sicherheit zu garantieren. Nichts sollte ausufern, alles in geordneten Bahnen verlaufen.

In diesen Tagen meldeten sich auch viele Wienerinnen und Wiener im Rathaus und boten den Besuchern aus den Ländern der einstigen Donaumonarchie Hilfe an: kostenlose Schlafstellen, Geld, Dinge des täglichen Lebens, Autoersatzteile. Und so mancher ließ sein Goldenes Wienerherz noch heller aufblitzen – er stellte kurzerhand seine Dienste zur Verfügung, wo immer sie notwendig waren. Die Menschen aus dem Osten wurden empfangen, als wären die verlorenen Söhne und Töchter endlich wieder heimgekehrt.

Die Stadt Wien begrüßte die Gäste aus der damaligen Tschechoslowakei mit der Informationsbroschüre „Vítáme vás!", „Willkommen!". Ein Titel, der im Sinne der Wiener war. Die hilfreiche Broschüre, die bereits an der Grenze verteilt wurde, enthielt Daten und Fakten über die Donaumetropole, einen Stadtplan und ein kleines Wörterbuch.

Damit es für die Besucher keine Sprachbarrieren gab, wurde ein Telefondienst in tschechischer Sprache eingerichtet. Die Idee schlug voll ein, bereits am zweiten Tag waren schon an die 500 Ratsuchenden „auf Draht". Das weitere Service für

DDR-Flüchtlinge überqueren die österreichisch-ungarische Grenze am 19. August 1989. East German refugees cross the border between Austria and Hungary on August 19, 1989.

Pakete der Wiener werden von Freiwilligen und dem Roten Kreuz für den Abtransport nach Rumänien sortiert. Parcels from the Viennese are being sorted by volunteers and the Red Cross for shipment to Romania.

in Czech, free public transport in the run-up to Christmas, heated tents and medical care.

That eventful year 1989, the major onslaught came in the run-up to Christmas. Shopping tourists poured in, even if many were initially taken aback by all the things on view in the shop windows. Till then, they had only seen the like of it on television, and now they were in the thick of it. It was as if two worlds were meeting – in a peaceful encounter.

But not everything was so peaceful that December. In Romania, there were bloody demonstrations against the Communist regime of Ceauşescu, which developed into a revolution against the hated dictator. Mayor Zilk ensured that the city of Vienna was quickly ready to help. Doctors, medical orderlies, medical equipment and medicines were all set to be transported to Rumania by train. And the Viennese were invited to make up aid packages for the turmoil-stricken country that could be handed in even during the Christmas period. As was only to be expected, the people of the city once again showed that the stuff about the Viennese heart of gold is basically correct, even if it is sometimes hidden behind a rough exterior.

Apropos rough exteriors: it cannot be denied that, after the first waves of helpfulness, widespread symptoms of envy and xenophobia emerged as the dark side of the Viennese heart gained the upper hand in many Viennese.

Before the end of the century, when Yugoslavia fell apart, another wave of refugees poured into the country. Following the Ten-Day War in Slovenia, the Croatian War of Independence, the Bosnian War and the Kosovo War, 120,000 people crossed the frontier into Austria in the 1990s. After the hostilities were over, 13,000 Slovenes returned to their homeland, while 90,000 Bosnians were classified as de facto refugees. But times had changed. No red carpet was rolled out for these asylum-seekers.

die Besucher aus dem Osten: Parkplätze, auf denen Auskünfte in tschechischer Sprache erteilt wurden, in der Vorweihnachtszeit Nulltarif in den öffentlichen Verkehrsmitteln, beheizte Zelte und ärztliche Betreuung.

Der richtige Ansturm setzte dann in den Tagen vor dem Weihnachtsfest dieses ereignisreichen Jahres 1989 ein: Da rollten die Einkaufstouristen heran – wenngleich viele zunächst vor allem darüber staunten, was im Westen in den Schaufenstern lag. Das alles hatten sie bisher höchstens im Fernsehen bewundern können, nun standen sie mittendrin im Trubel. Es war, als ob zwei Welten einander begegneten. Eine friedliche Begegnung.

Aber nicht überall war es in diesem Dezember so friedlich – in Rumänien kam es zu blutigen Demonstrationen gegen das kommunistische Ceauşescu-Regime, die sich zu einer Revolution gegen den verhassten Diktator ausweiteten. Bürgermeister Helmut Zilk sorgte dafür, dass die Stadt Wien rasch Hilfe organisierte. Ärzte, Sanitäter, medizinische Geräte und Medikamente sollten mit der Bahn nach Rumänien transportiert werden. Und die Wienerinnen und Wiener wurden eingeladen, Hilfspakete für das vom Aufstand erschütterte Land zusammenzustellen, die auch zu den Weihnachtsfeiertagen abgegeben werden konnten. Wie nicht anders zu erwarten, stellten die Menschen in der Stadt einmal mehr unter Beweis, dass die Sache mit dem Goldenen Wienerherz schon ihre Richtigkeit hat … selbst wenn es sich manchmal vielleicht unter einer rauen Schale verbirgt. Apropos raue Schale: Wir wollen nicht verschweigen, dass sich nach der ersten Welle der Hilfsbereitschaft auch Neid und Ausländerfeindlichkeit unter den Menschen breit machten – die dunkle Seite des Wienerherzens gewann bei manchen Wienern die Oberhand.

Vor der Jahrtausendwende, als Jugoslawien zerfiel, ergoss sich dann noch einmal ein Flüchtlingsstrom in unser Land. Nach dem Zehn-Tage-Krieg in Slowenien, dem Kroatienkrieg, dem Bosnienkrieg und dem Kosovokrieg kamen in den 1990er-Jahren 120.000 Menschen über die Grenzen nach Österreich. 13.000 Slowenen kehrten nach Beendigung der Kämpfe wieder in ihre Heimat zurück, 90.000 Bosnier wurden de facto als Flüchtlinge anerkannt. Die Zeiten aber hatten sich geändert – diesen Asylsuchenden wurde kein roter Teppich mehr gelegt …

Feiern, Kochen, Musizieren verbindet

Partying, Cooking and Music-Making – the Stuff of Social Cohesion

Feiern, Kochen, Musizieren verbindet

Andere Länder, andere Sitten ... Unbekanntes kann Menschen Angst machen und zu Ablehnung führen. Mit gutem Willen und pfiffigen Ideen lässt sich das leicht ändern, wie zahlreiche Initiativen in Wien beweisen: Wenn Hoffeste gefeiert werden, wenn Menschen aus unterschiedlichen Kulturen gemeinsam gärtnern, musizieren, kochen und essen, sind die größten Barrieren bereits überwunden!

Schon zur Zeit der Habsburgermonarchie lebten in Wien Menschen verschiedener Kulturen auf engem Raum zusammen – Menschen, die es aus aller Herren Länder in die Metropole des damaligen Kaiserreiches verschlagen hatte. Wenn wir heute auf der Straße, in der U-Bahn oder auf dem Markt die Leute Ungarisch, Serbokroatisch, Türkisch oder vielleicht in einer afrikanischen Sprache reden hören, dann ist dies keinesfalls eine neue Entwicklung, die erst, wie nicht wenige glauben, durch die Zuwanderung in jüngster Zeit ausgelöst wurde. Im alten Wien der Kaiserzeit kommunizierte die Bevölkerung immerhin in 15 offiziell anerkannten Sprachen miteinander. Es ist eben „alles schon da gewesen", wie Rabbi Akiba vor fast 2000 Jahren geschrieben hat ...

Das Nebeneinander von Menschen mit verschiedenen Lebensweisen und Gewohnheiten verleiht einer Stadt Internationalität und einen ganz eigenen Charme – dennoch sind Missverständnisse und Konflikte nicht auszuschließen. So musste schon mehr als einmal die Wiener Polizei ausrücken, wenn Türken im Innenhof von Wohnhäusern ein Lamm am Spieß grillten. Oftmals erfuhren sie erst von den Uniformierten, dass das, was sie aus ihrem Herkunftsland gewohnt sind, in Wien verboten ist. Andere Länder, andere Sitten ... und Lebensgewohnheiten lassen sich eben manchmal nicht problemlos in andere Weltregionen transferieren. Deshalb bemüht sich die Vielvölkerstadt Wien um die Integration von Zuwanderern. Und setzt dabei auch auf das Goldene Wienerherz, das hier zu zeigen vermag, dass es nicht nur eine schöne Legende ist.

Eine der Initiativen, deren Ziel es ist, die Zuwanderer in unsere Gesellschaft einzugliedern, trägt den schlichten Titel „Sei dabei.". Sie dient der Stadt Wien als Rahmen, Projekte aller Art zu unterstützen, die Menschen unterschiedlicher

Partying, Cooking and Music-Making – the Stuff of Social Cohesion

Other countries, other mores ... Things unknown trigger off apprehension, and lead to rejection. That can be changed by a dose of goodwill and clever ideas, as numerous initiatives in Vienna prove. Put on courtyard parties, get people from different cultures gardening, music-making, cooking and eating together, and the social barriers come tumbling down.

Even in the days of the Habsburg Monarchy, people of different cultures – in fact people from all over the world who had landed up in the imperial capital – lived cheek by jowl in a confined space. When we hear people talking these days in Hungarian, Serbo-Croatian, Turkish or perhaps some African tongue on the streets, on the Underground or at the market, that is not a new development caused by recent immigration, as many people believe. After all, in the Vienna of imperial days the population communicated with each other in 15 officially recognized languages. The fact is, "all things have already existed," as Rabbi Akiva wrote nearly two millennia ago.

The co-existence of people with different lifestyles and customs lends a city an international air and a very special charm of its own, but misunderstandings and conflicts cannot be eliminated altogether. More than once, the Viennese police have been called in when Turks were grilling a lamb on a spit in the courtyard of a housing block. Often, they didn't know until the men in uniform told them that what might have been quite normal practice back home was not allowed in Vienna. Other countries, other mores. And particularly the way people live is sometimes not easily transposed from one part of the world to another. That is why, as a multi-ethnic city, Vienna makes an effort to integrate immigrants – and in the process relies on the Viennese heart of gold, which gets an opportunity here to show that it is not just a beautiful legend.

One of the initiatives aimed at integrating immigrants into our society is called simply "Sei dabei." (Get involved.). The city of Vienna supports projects of all kinds that bring people of different origins closer together, foster mutual understanding and generate interpersonal relationships. It might be a courtyard party, a picnic, a football match or a free German lesson – no limits are set to the imagination and inventiveness. We describe in what follows how good ideas can work a treat.

If you just leaf through the ample pages of the "Sei dabei." chronicle, you will be amazed at all the things that occur to the Viennese, just to convey to immigrants a feeling that they are welcome in Vienna. To get your mind in the swim, here is a report about a party in the Landstrasse district organised on the motto of "getting to know your neighbour better." Perhaps we should let the organisers themselves do the talking.

"Our housing block consists of nine staircases with around 150 flats. People of many nationalities live here. As people get to know each other better when eating and drinking, we organised a small party in our nice internal courtyard. Even before it officially started, many residents and volunteers were out there to help put things up. Every guest's 'inner man' was well-catered for, with goulash soup, bakery products, spring rolls, stuffed wine leaves, many

Herkunft einander näher bringen, die das Verständnis füreinander wecken und zwischenmenschliche Beziehungen entstehen lassen. Das kann ein Hoffest sein, ein Picknick, ein Fußballmatch oder eine Gratislektion in Deutsch – der Fantasie und dem Einfallsreichtum sind keine Grenzen gesetzt. Eine gute Idee, die voll einschlug. Von der Umsetzung wollen wir im Folgenden ausführlich berichten.

Blättern wir einmal in der reichhaltigen „Sei dabei."-Chronik … und wir werden staunen, was den Wienern so alles einfällt, um Migranten das Gefühl zu vermitteln, dass sie in Wien willkommen sind. Zur „Einstimmung" sei zunächst der Bericht über ein Fest in Wien-Landstraße gelesen, das unter dem Motto „Lerne deinen Nachbarn besser kennen" stand. Lassen wir die Organisatoren selbst über ihre Veranstaltung erzählen: „Unsere Wohnhausanlage besteht aus neun Stiegen mit etwa 150 Wohnungen. Hier leben Menschen vieler Nationalitäten. Da die Leute einander beim Essen und Trinken am besten näher kommen, haben wir in unserem schönen Innenhof ein kleines Fest organisiert. Schon vor dem offiziellen Beginn fanden sich viele Bewohnerinnen und Bewohner und freiwillige Helfer ein, um bei den Aufbauarbeiten mitzumachen. Mit Gulaschsuppe, Gebäck, Frühlingsrollen, gefüllten Weinblättern, vielen Mehlspeisen, Getränken und anderen Köstlichkeiten aus verschiedenen Ländern war für das leibliche Wohl aller Gäste bestens gesorgt. Dieser Abend hat sich zu einem vollen Erfolg entwickelt. Bei zahlreichen Gesprächen unter den Gästen wurden neue Bekanntschaften geschlossen und viele gemeinsame Interessen entdeckt. Ängste und Vorurteile, vor allem bei den älteren Mitbewohnern, wurden in der fröhlichen Atmosphäre abgebaut. Die Stimmung war ausgezeichnet, und das geplante Ende wurde weit überschritten."

Es muss aber nicht immer der Hof sein, manche gehen lieber „hoch hinaus" – und steigen aufs Dach. Ein Mann, der in einer Wohnhausanlage mit Mietern verschiedenster Herkunft lebt und mit seinen Mitbewohnern einmal näher in Kontakt treten wollte, organisierte eine Art Kennenlernparty auf der Terrasse über den Wohnungen. Was dann auch wunderbar klappte: Schon während des Wartens auf die Köstlichkeiten lockerte der Duft des Gegrillten die Stimmung auf. Fast automatisch ergab sich ein Thema, das alle interessierte: welche Traditionen der Speisenzubereitung es in den einzelnen Ländern gibt. Angesichts des guten Essens mutet es fast wie ein Widerspruch an, dass schließlich intensiv über das Fasten in den unterschiedlichen Kulturen und Religionen diskutiert wurde. Oder war das eine Reaktion auf das üppige Mahl? Der Erfolg des Festes: Es wurde gleich vereinbart, auf der wunderschönen Dachterrasse künftig gemeinsam zu frühstücken. So einfach geht's, wenn Menschen Barrieren niederreißen wollen …

Die Initiative „Sei dabei." bringt Menschen unterschiedlicher Herkunft zusammen. The „Sei dabei." initiative brings together people of different ethnic backgrounds.

pastries, drinks and other delicacies from different countries. The evening was a complete success. The guests got talking to each other, struck up acquaintances and discovered many mutual interests. Fears and prejudices, mainly among the older residents, were dispelled in the pleasant atmosphere. The mood was excellent, and it went on much longer than planned."

It doesn't always have to be the courtyard; some prefer to go up on the roof. One man who lives in an estate with tenants of various origins and wanted to be in closer contact with his fellow residents, organised a kind of get-to-know-each-other party on the terrace above the flats. It was a wonderful success. Even while waiting for the food, the smell of grilling set the mood. Almost automatically, there was a subject to hand that interested everyone, namely traditions of preparing food in different countries. In view of the good food, it seems almost like a contradiction that the discussion was almost exclusively about fasting in different cultures and religions. Or was that a reaction to the rich food? The success of the party can be judged by the fact that it was immediately agreed to have joint breakfasts on the wonderful roof terrace in future. It's all so simple if people want to tear down barriers.

A more serious background lay behind a courtyard party in another Viennese housing block. When complaints about dirt, vandalism, lack of consideration and noise started building up, some inhabitants wondered whether the problems might be discussed at a party and more easily solved that way. It would also have the effect of reinforcing the feeling of belonging and responsibility. And indeed – people who had hitherto scarcely had any contact with each other talked freely about the problems in a relaxed atmosphere, thereby showing that common residential affairs mattered to them.

A neighbourhood party in the small Dreihauspark in the south of Vienna's 15th district also brought people together. There had been a mediation process between nearby residents and visitors to the park, and someone came up with the wonderful idea of using the relaxed atmosphere of a party to keep the contact with each other going. It was a great success, as guests confirmed afterwards. Table football was zealously played by visitors large and small, and everyone who plucked up courage to talk to three unknown people and have a conversation with them was invited to a chocolate-tasting as a reward. Many a prejudice was dispelled in the easy atmosphere.

Even rain can wash away mistrust and break down reserve. This was discovered by residents of a building in Vienna's 14th district who were hoping to get to know each other better over a barbecue. As it was raining cats and dogs, the guests turned up with umbrellas and raincoats. Adherents of different religions and cultures sounded each other out very cautiously at first, but as conversation developed, they talked about each other's origins, faith and the cultural background, so that walls of distrust were dismantled. In addition, the residents discovered on this occasion that they would soon be welcoming a new member into the community. A hitherto very reticent family from Kosovo told everyone present that a new mini-mortal was expected.

But it doesn't have to be a large party to make contacts with immigrants. A woman who, as a result of her teacher-training course, has both Austrian and Turkish friends, invited them to a joint discussion evening, for which she prepared a meal. After the meal, those present – six Austrian women and five women with Turkish backgrounds – spoke at length about the differences between their respective countries. Many questions revolved around the everyday life of young women. Can Turkish women decide for themselves whether they wish to wear a headscarf or not, or is it compulsory? And, why are older

„Durchs Reden kommen die Leute zusammen", besagt ein bekanntes Sprichwort. Kinder können das am besten.
An old saying has it that „talk brings people together," and kids are the undisputed masters of talk.

Ein ernster Hintergrund bildete den Anlass für ein Hoffest in einer anderen Wiener Wohnhausanlage. Als sich dort Beschwerden über Verunreinigung, Vandalismus, Rücksichtslosigkeit und Lärm häuften, fragten sich einige Bewohner, ob die Probleme nicht bei einem Fest erörtert und im besten Falle auch gelöst werden könnten. Man wollte auf diese Weise das Zusammengehörigkeits- und das Verantwortungsgefühl stärken. Und tatsächlich: Menschen, die bisher kaum Kontakt miteinander hatten, unterhielten sich in zwangloser Atmosphäre über die Schwierigkeiten – und zeigten so, dass ihnen etwas an der Hausgemeinschaft lag.

Die Menschen einander nähergebracht hat auch ein Nachbarschaftsfest im kleinen Dreihauspark im Süden des 15. Wiener Gemeindebezirks. Zwischen Anrainern und Parkbesuchern hatte es einen Mediationsprozess gegeben – und jemand kam auf die gute Idee, die entspannte Atmosphäre eines Festes zu nützen, um miteinander im Gespräch zu bleiben. Der Erfolg war groß, wie die Gäste danach versicherten: Wuzzeltische wurden von großen und kleinen Besuchern eifrig genutzt; und alle, die sich trauten, drei fremde Personen anzusprechen und mit ihnen zu plaudern, wurden als Belohnung zu einer Schokoladeverkostung eingeladen. So manches Vorurteil löste sich angesichts der guten Stimmung einfach in nichts auf.

Auch der Regen kann Misstrauen und Vorbehalte wegschwemmen. Das merkten die Bewohnerinnen und Bewohner eines Hauses im 14. Wiener Bezirk, die einander bei einem Grillfest besser kennenlernen wollten. Da es Schusterbuben regnete, wie es die Wiener bildlich ausdrücken, kamen die Gäste mit Regenschirmen und Wetterjacken. Angehörige verschiedener Religionen und Kulturen tasteten einander zunächst vorsichtig ab, in lebhaften Gesprächen über die Herkunft des anderen, den Glauben und den kulturellen Hintergrund wurden regelrecht Mauern niedergerissen. Überdies erfuhren die Hausbewohner bei diesem Anlass, dass sie bald ein neues Mitglied in der Gemeinschaft begrüßen dürften: Eine bis dahin sehr zurückhaltende Familie aus dem Kosovo verriet den Anwesenden, dass sich ein kleiner Erdenbürger ankündigte.

Es muss jedoch nicht immer ein großes Fest stattfinden, um mit Zuwanderern Kontakte zu knüpfen. Eine Frau, die durch ihr Pädagogikstudium sowohl österreichische als auch türkische Freundinnen hat, lud diese zu einem gemeinsamen Diskussionsabend ein, für den sie auch ein Essen vorbereitete. Nach der Mahlzeit sprachen die Anwesenden, sechs Österreicherinnen und fünf Frauen mit türkischem Hintergrund, noch lange über die Unterschiede zwischen der Türkei und Österreich. Viele Fragen drehten sich um den Alltag junger Frauen. Können Türkinnen selbst entscheiden, ob sie das Kopftuch tragen wollen, oder ist es Pflicht? Oder: Warum werden ältere Menschen bei uns so selten von der Familie betreut? Und zu allem wurde viel Çay getrunken.

people so rarely looked after by their families in Austria? Lots of tea was consumed meantime.

Getting through to neighbours can be done quite easily. One Viennese woman who had long wanted to get to know the people in the vicinity better decided to invite them all round for breakfast. Twelve people finished up round the table together – people with Austrian, Turkish, Bosnian and Swiss backgrounds. During their conversation, the international crowd found they had a surprising amount in common. "Talking brings people together," is an old Viennese saying. This occasion confirmed its wisdom once more.

Children are likewise keen to get to know their foreign friends better. Children from class 1A at the Petrusgasse primary school in the Landstrasse district got together in the school courtyard to paint. Around 80 boys and girls got down to painting a long roll of paper unrolled over wallpapering tables. The result was an impressive and very colourful work no less than 100ft/30m long. To help the occasion along, snacks from Turkey, Mexico, Vietnam, China, Croatia, Russia, Kosovo and of course Austria were on hand to fortify the little painters. Everyone found it huge fun, and a repeat of the international 'rapprochement' is therefore already on the cards.

There are many opportunities for interpersonal contacts. A gardening session in Max Winter Platz in Leopoldstadt brought together a whole crowd of people. The idea was to do some communal sowing and planting. But first, raised beds had to be prepared. Motivated residents and boy scouts in the vicinity met up to lay them out. But it was not just a matter of work work work. People chatted, munched frankfurters and cake, and of course shoptalk was heard among the gardeners as well. Viennese sociability does not have to be limited to the *heurige* tavern.

Just like gardening, cooking is likewise a wonderful social mixer. That was proved by women from Margareten, who got together for some joint baking. Nothing out of the way in one baker knowing another. But in this case it was a bit different. The organiser invited women attending German courses to come along and make delicious pastries with them and chat. The group first of all went off on a shopping expedition to buy ingredients for *vanillekipferl*, *trüffelkugeln* and other specialities like *husarenkrapferln*, *witwenküsse*, *engländer* and *dotterbusserln*. As the delicious patisseries came out of the oven, samples were tasted over coffee and tea. The rest finished up in handbags – for safety's sake along with the recipes – to take home so that the bakers could get their families to pass an opinion.

Culinary links with the Land of the Rising Sun were established by a female sushi fan. During visits to her nearby Japanese eatery, she got into conversation with employees there and noticed that, apart from customers, they had virtually no contact with ordinary Viennese. So the woman invited the whole workforce of the restaurant to her home so that she and some friends could learn something about the secrets of Japanese *kaiseki* cuisine. *Kaiseki* is a light meal eaten before the tea ceremony so as to prepare the stomach for strong green tea. Along with *miso* soup, the main elements are vegetables, rice and fish. The Viennese learnt that it is not just the art of cooking that is important, but aesthetic criteria are also involved in arranging things on the plate. As we know, love resides in the stomach. Friendships between people of different cultures may take the same route.

Who says that young people only think about fun and parties? A group of young people from Vienna's 15th district proved the opposite. Under the motto "a party for the others first, then our own party," the socially minded young

Auf die Nachbarn zuzugehen kann auf ganz einfache Weise funktionieren. Eine Wienerin, die schon lange mit den Menschen in ihrer Wohnumgebung nähere Bekanntschaft hatte schließen wollen, lud alle kurzerhand zu einem gemeinsamen Frühstück ein. Zwölf Personen saßen um den Tisch – Menschen mit österreichischem, türkischem, bosnischem oder schweizerischem Hintergrund. Bei den Gesprächen entdeckte die internationale Schar überraschend viel Gemeinsames. „Durchs Reden kommen die Leute zusammen", heißt es seit alters her in Wien. Diese weise Redensart bestätigte sich hier wieder einmal.

Auch Kinder sind darum bemüht, ihre ausländischen Freunde besser kennenzulernen. So traf sich die 1a-Klasse der Volksschule Petrusgasse in Wien-Landstraße zum Malen auf dem Schulhof. An die 80 Mädchen und Buben gestalteten eine auf Tapeziertischen aufgelegte Endlosrolle Papier künstlerisch. Es entstand ein imposantes und sehr buntes Werk von nicht weniger als 30 Metern Länge. Zur Stärkung für die kleinen Maler gab es Köstlichkeiten aus der Türkei, aus Mexiko, Vietnam, China, Kroatien, Russland, dem Kosovo und natürlich aus Österreich. Alle fanden, dass es ein Riesenspaß war – eine Fortsetzung des internationalen „Näherkommens" wird daher bereits vorbereitet.

Möglichkeiten für zwischenmenschliche Kontakte bieten sich viele. So führte eine Gärtnerei am Max-Winter-Platz in Wien-Leopoldstadt eine ganze Menschenschar zusammen. Gemeinsam sollte gesät und gepflanzt werden. Zuerst mussten aber Hochbeete her. Motivierte Anrainer und Pfadfinder aus der Umgebung trafen einander, um diese anzulegen. Doch bei den Arbeiten allein blieb es nicht, man plauderte auch viel miteinander, die Gäste schmausten Würstel und Kuchen, und selbstverständlich blieb eine Fachsimpelei über das Gärtnern nicht aus. Wiener Geselligkeit muss sich schließlich nicht auf den Heurigen beschränken …

So wie das Gärtnern ist auch das Kochen wunderbar dazu angetan, Menschen zu verbinden. Das bewiesen Frauen aus Wien-Margareten, die einander zum gemeinsamen Backen trafen. An sich nichts Außergewöhnliches, wenn eine „Bäckerin" die andere kennt … In diesem Fall war es jedoch ein wenig anders: Die Initiatorin lud Damen von Deutschkursen ein, um mit ihnen leckere Mehlspeisen zu zaubern und zu plaudern. Gemeinsam unternahm die Runde zuerst eine Einkaufstour, um die Zutaten für Vanillekipferln, Husarenkrapferln, Witwenküsse, Engländer, Dotterbusserln und Trüffelkugeln zu beschaffen. Als die süßen Köstlichkeiten dann aus dem Rohr kamen, wurden sie bei Kaffee und Tee gleich verkostet. Manches Stück – zur Sicherheit gleich samt den Rezepten – nahmen die Bäckerinnen mit nach Hause, damit auch die Familien ihr Urteil darüber abgeben konnten.

Jugendliche kochen Silvesteressen für Obdachlose. Young people preparing a New Year meal for the homeless.

people invited homeless people to a New Year meal. Residents from Gebrüder Lang Gasse were likewise invited, and many of them accepted. This very special evening took place in the hall of a school. A specially constructed punch stand in the hall soon became the focal point of communication, where people who lived in the vicinity, the homeless and young people got to know each other in a relaxed atmosphere. The girls and boys served around 75 guests with a three-course meal consisting of *griessnockerl* soup, *filet Colbert* and brownies with chocolate sauce and whipped cream in the decorated canteen of the school's daycare centre. When the party broke up, many a promising "See you next year!" was heard. The Viennese heart of gold beats in many young people as well. And that bodes well for the future.

Apropos New Year's Eve: on the last day of the year, a crowd of children and young people accompanied by a few adults set off to bring a little pleasure to the Caritas Braunspergengasse Refugee Home in the district of Favoriten. To start with, things were rather stiff – people had to get used to each other. But then people opened up more quickly than expected. A few games helped to break the ice once and for all. Soon, hardly anyone noticed that there were eight different nationalities sitting together there. People laughed, did handicrafts, and sang. And the chocolate cakes they produced together were general favourites – a pleasure without frontiers.

And we can go on with nice tales about young people. Pupils served alcohol-free punch in the park in front of their school – free of charge, just to give people pleasure. It does happen. Many passers-by didn't accept the offer, of course, being amazed that the boys and girls wouldn't take anything for the hot drink. Suspicious, suspicious, hmmm… When two integration pupils acted as mine hosts and started to 'sell' the punch, a number of park workers took a sample after all, and an old lady who had once been a pupil at the school accepted a cupful, and indulged in memories. Overall, it was very positive – the steaming drink, which was drunk up to the last drop, triggered off numerous conversations. And that was the point of the whole thing.

There are scarcely any limits to the opportunities for getting communications with neighbours going. People in the suburb of Döbling relied on the international magic of music to bring people together, and got it right: the garden concert they organised was a complete success. As the organisers report: "The inner courtyard of our block in Diemgasse used to be a wasteland. This last year, it's been lovely there, and full of colour; the garden's been designed with lots of TLC as a place to meet people. Residents who have been passing through the same doors to the building for decades are getting to know each other over the garden fence. And anyone who wants can plant, and reap the benefits. There's a whole range of herbs growing, along with courgettes, marrows and other vegetables. Apart from that, there are countless flowers, currants, strawberries and ivy. All the flowerbeds are linked by little paths where you can walk for a bit and get lost among the fresh greenery. Early in the morning you find the oldest resident watering the garden, and somewhat later the former caretaker from Serbia is there with her morning coffee. On warm summer evenings, it's particularly younger residents who sit out there companionably. People often play music in the building, although until recently only in the flats. But then the oldest neighbour suggested organising a concert, saying he wanted to hear the music the performers were playing indoors. It didn't take long – the garden concert almost organised itself. Many residents brought homemade cakes and spreads, bowls of punch

Kulinarische Verbindungen zum Land der aufgehenden Sonne knüpfte ein weiblicher Sushi-Fan: Die Dame kam bei Besuchen in ihrem japanischen Stammlokal mit den Angestellten ins Gespräch und merkte, dass diese – von den Gästen abgesehen – so gut wie keine Kontakte zu Wienerinnen und Wienern hatten. So lud die Frau die gesamte Besatzung des Restaurants zu sich nach Hause ein, um gemeinsam mit einigen Freundinnen und Freunden in die Geheimnisse der japanischen Kaiseki-Kochkunst einzudringen. Kaiseki ist ein leichtes Mahl, das vor der Tee-Zeremonie serviert wird und den Magen auf den starken grünen Tee vorbereiten soll. Neben der Misosuppe gibt es hauptsächlich Gemüse, Reis und Fisch. Die Wiener erfuhren, dass dabei nicht allein die Kunst des Kochens wichtig ist, sondern dass man für das Anrichten auch ästhetisches Empfinden braucht. Liebe geht bekanntlich durch den Magen – Freundschaften zwischen Menschen verschiedener Kulturkreise können denselben Weg nehmen …

Wer sagt, dass die Jugend nur Spaß und Partys im Kopf hat? Eine Gruppe junger Leute aus dem 15. Wiener Gemeindebezirk bewies das Gegenteil. Unter dem Motto „Zuerst ein Fest für die anderen, dann die eigene Party" luden die sozial engagierten Jugendlichen Obdachlose zu einem Silvesteressen ein. Die Anrainer aus der Gebrüder-Lang-Gasse erhielten ebenfalls eine Einladung – und viele von ihnen kamen ihr gern nach. Dieser ganz besondere Abend fand im Festsaal einer Schule statt. Ein extra aufgebauter Punschstand in der Aula wurde bald zum kommunikativen Mittelpunkt. Menschen, die in der Umgebung wohnen, Obdachlose und die Jugendlichen kamen einander bei einem zwanglosen Beisammensein näher. Im festlich geschmückten Speisesaal des Horts servierten Mädchen und Burschen den rund 75 Gästen dann ein dreigängiges Menü – Grießnockerlsuppe, Filet Colbert und Brownies mit Schokoladensauce und Schlagobers. Beim Abschied hieß es verheißungsvoll: „Bis zum nächsten Jahr!" Das Goldene Wienerherz schlägt eben auch in vielen jungen Leuten. Und das stimmt optimistisch für die Zukunft.

Apropos Silvester: Am letzten Tag des Jahres machte sich eine Schar Kinder und Jugendlicher in Begleitung einiger Erwachsener auf, den Menschen im Caritas-Flüchtlingshaus Braunspergengasse in Wien-Favoriten Freude zu bringen. Anfangs verlief alles noch ein bisschen steif, man musste einander erst „beschnuppern". Schneller als erwartet öffneten sich die Menschen dann aber doch. Einige Spiele halfen, das Eis endgültig zu brechen. Bald merkte kaum noch einer, dass hier acht verschiedene Nationalitäten zusammensaßen. Es wurde gelacht, gebastelt und gesungen. Und die Schokoladekugeln, die man gemeinsam produzierte, schmeckten allen – ein grenzenloses Vergnügen.

Noch eine schöne Geschichte über Jugendliche gefällig? Schülerinnen und Schüler schenkten im Park vor ihrer Lehranstalt alkoholfreien Punsch aus. Gratis, um Menschen eine Freude zu bereiten. Auch das gibt's heute noch. So mancher Passant nahm das Angebot allerdings nicht an, war er doch verwundert, dass die Mädchen und Burschen gar nichts für das heiße Getränk haben wollten. Verdächtig, verdächtig … Als zwei Integrationsschüler die „Animateure" spielten und den Punsch anpriesen, griffen einige Parkarbeiter dann doch zu, ebenso ließ sich eine alte Dame, die seinerzeit hier die Schule besucht hatte und nun in Erinnerungen schwelgte, einen Becher geben. Insgesamt war die Bilanz positiv – die dampfende Köstlichkeit, die bis zum letzten Tropfen getrunken wurde, regte zu vielen Gesprächen an. Und damit war der Zweck der Aktion erfüllt!

Den Möglichkeiten, die Kommunikation mit Nachbarn in Schwung zu bringen, sind kaum Grenzen gesetzt. Menschen in Döbling haben auf die völkerverbindende Magie der Musik gesetzt – und gewonnen. Das von ihnen veranstaltete Gartenkonzert wurde ein voller Erfolg, wie die Organisatoren berichten: „Seit einem Jahr blüht es im zuvor brach liegenden Innenhof unseres Wohnhauses in der Diemgasse – und seit einem Jahr ist dieser farbenfrohe und mit viel Liebe gestaltete Garten zum Ort der Begegnung geworden. Hausbewohner und Hausbewohnerinnen, die seit Jahrzehnten durch dieselbe Haustüre gehen, lernen einander am Gartenzaun kennen. Jeder, der möchte, pflanzt und erntet mit. Eine Fülle von Kräutern gedeiht neben Zucchini, Kürbis und anderem Gemüse. Dazwischen wachsen unzählige Blumen, Ribiseln, Erdbeeren und Efeuranken. Alle Beete sind durch kleine Wege verbunden, auf denen man ein wenig spazieren und sich im frischen Grün verlieren kann. Frühmorgens trifft man den Hausältesten schon beim Gartengießen, etwas später die ehemalige Hausmeisterin aus Serbien mit ihrem Morgenkaffee. Die lauen Sommerabende nützen vor allem die jüngeren Hausbewohner zum gemütlichen Beisammensitzen. Oft wird im Haus auch musiziert, bis vor Kurzem allerdings nur in den Wohnungen. Bis der älteste Nachbar anregte, ein Konzert zu veranstalten, er wolle einmal hören, welche Musik die Künstler und Künstlerinnen im Haus so machten. Es dauerte nicht lange und das Gartenkonzert organisierte sich fast von selbst. Viele Hausbewohner brachten selbstgemachten Kuchen und Aufstriche mit, Bowle wurde angesetzt und Brot eingekauft, und sogar jene Nachbarn, die nicht beim Konzert dabei sein konnten, spendeten einen Beitrag. Das Gartenkonzert war bereits in der Vorbereitungszeit ein gemeinschaftliches Ereignis für das ganze Haus. Am Abend des Konzerts fanden sich an die 40 Leute im Hof ein. Auch Freundinnen und Freunde mischten sich unter die Konzertgäste. Die musikalischen Darbietungen begannen mit lieblicher

were mixed and bread was bought, and even neighbours who couldn't come to the concert sent contributions. The garden concert was a communal event for the whole building even in the run-up. On the evening of the concert, 40 people turned up. They included friends of the residents. The musical offerings began with nice recorder and guitar music and rhyming couplets on garden themes from the second floor. The guests enjoyed a mixture of improvised music, chansons, favourite songs from all kinds of music, and classic Viennese songs. There was a festive air to the whole evening. The residents were both hosts and audience at once, and got their reward as people occasionally shook their heads and grinned, saying: "All the things you can do with a courtyard we never used!" All you need is a good idea.

Music was likewise the principal feature of another initiative in Hietzing. A Brazilian-born resident goes to the park in Mantlergasse to practise drumming so as not to disturb his neighbours at home. Passers-by often asked if he could teach them something on the drums. The South American did not hesitate for long. One fine summer morning, he invited everyone interested to the park, and they had a joint drumming session. It seems fiery rhythms can also unite nations. But we already know that from jazz.

A quite different sort of good idea did wonders for tidiness in a municipal block. One Saturday, over 40 young people from the block met up for a joint clearing-up afternoon. The underlying idea was that the boys and girls should see how important a clean building is for everyone in a residential block. Children and young people of all ages and differing ethnic origins turned up as keen as mustard. Smocks, headgear, rubbish bags, gloves and tongs for picking up the rubbish were handed out, instructions were given, and then off they all went. Even when it suddenly poured some time later, the young volunteers stuck to their guns. By the end, they had filled 25 sacks with rubbish of all kind to throw into the container. Of course, the clean-up troop got a round of applause. The young folk had certainly earned it.

Naturally, there are many other ways of finding out that Serbs, Turks, Arabs and Africans may come from different cultures but are still people just like us. They range from sport, which has brought people together since ancient times, to a whole block going on a multi-culti ramble. All these exemplary initiatives underline that the Viennese heart of gold, even if it sometimes does not seem so, does beat for people from foreign countries as well. Many people reject immigrants simply because they do not know anything about them and their cultural background. The unknown alarms people and prompts them to reject it in principle. As we have learnt in these pages, with a bit of goodwill and smart ideas, that can easily be changed.

Blockflöten- und Gitarrenmusik und blumigen Gartenzweizeilern aus dem zweiten Stock. Eine Mischung aus Selbstgeschriebenem, Chansons, Lieblingsliedern aus allen Musikrichtungen und klassischem Wienerlied erfreute die Gäste. Über dem Abend lag eine feierliche Stimmung. Die Hausbewohnerinnen und Hausbewohner waren Gastgeber und Publikum zugleich, belohnt vom schmunzelnden Kopfschütteln des einen oder anderen Gastes darüber, was man aus einem zuvor ungenützten Hof so alles machen kann.“ Man muss nur eine gute Idee haben …

Bei einer Initiative in Wien-Hietzing spielte die Musik ebenfalls die Hauptrolle. Ein gebürtiger Brasilianer trommelt gern im Park in der Mantlergasse, um die Nachbarn im Haus durch sein Üben nicht zu stören. Manch einer, der vorüberging, fragte, ob er ihm nicht etwas auf der Trommel beibringen könne. Der Südamerikaner zierte sich nicht lange: An einem schönen Sommervormittag lud er alle Interessierten ein – und im Park wurde gemeinsam getrommelt. Auch feurige Rhythmen können völkerverbindend sein. Aber das wissen wir schon vom Jazz!

Eine gute Idee ganz anderer Art sorgte in einem Gemeindebau für „saubere Verhältnisse“: An einem Samstag trafen einander mehr als 40 junge Leute der Wohnhausanlage zu einem gemeinsamen Putznachmittag. Der „Hintergedanke“: Den Mädchen und Burschen sollte vor Augen geführt werden, wie wichtig Sauberkeit im Gemeindebau für alle Bewohner ist. Kinder und Jugendliche allen Alters und unterschiedlicher ethnischer Herkunft strömten voller Tatendrang herbei. Westen, Kapperln, Mistsackerln, Handschuhe und Zwicker für den Mist wurden verteilt, bevor es nach einer kurzen Instruktion losging. Selbst als es einige Zeit später plötzlich wie aus Kübeln schüttete, blieben die jungen Helfer mit Feuereifer bei der guten Sache. Am Ende konnten sie 25 Säcke mit allem möglichen Mist in die Container werfen. Selbstverständlich bekam der fleißige „Reinigungstrupp“ Beifall. Den hatten sich die jungen Leute auch redlich verdient.

Natürlich gibt es noch viele andere Möglichkeiten herauszufinden, dass Serben, Türken, Araber oder Afrikaner zwar aus einem anderen Kulturkreis kommen, aber Menschen wie du und ich sind. Der Bogen spannt sich vom Sport, der schon seit frühen Zeiten als völkerverbindend gilt, bis zur Multikulti-Wanderung ganzer Hausgemeinschaften. Alle diese nachahmenswerten Initiativen untermauern, dass das Goldene Wienerherz, selbst wenn es manchmal anders scheinen mag, auch für Zuwanderer aus fremden Ländern schlägt. Manch einer lehnt Migranten wohl allein deshalb ab, weil er sie und ihren kulturellen Hintergrund nicht näher kennt – Unbekanntes kann Menschen nun einmal Angst machen oder von vornherein zu Ablehnung führen. Wie wir auf diesen Seiten erfahren haben, lässt sich das aber – mit ein bisschen gutem Willen und pfiffigen Ideen – leicht ändern!

Couragierte Wienerinnen und Wiener vor den Vorhang

Tales of Moral Conviction

KERAMIK
PAWLATA
KERAMIK
14

Couragierte Wienerinnen und Wiener vor den Vorhang

Ein Goldenes Wienerherz zu beweisen, erfordert persönliches Engagement und manchmal auch eine gehörige Portion Zivilcourage. Auch wenn es bisweilen so scheinen mag: Sie ist glücklicherweise noch nicht ausgestorben, wie sich im Alltag immer wieder zeigt!

Zuwanderer und Flüchtlinge fühlen sich in Österreich manchmal richtiggehend „ausgesetzt". Wenn sie hier ankommen, weht ihnen oft ein kalter Wind entgegen – und das ist durchaus nicht meteorologisch zu verstehen. Fern der Heimat, unsicher, wie die Zukunft aussehen wird, empfinden sie die ihnen entgegengebrachte Kälte als besonders bedrückend. Glücklicherweise gibt es Menschen, die diese Mauer der Ablehnung mit ihrem Goldenen Wienerherz sprengen – und das sind gar nicht so wenige. Sie tun Gutes und reden nicht darüber … manchmal aus Bescheidenheit, manchmal auch, weil sie ihr Wirken im Verborgenen für selbstverständlich halten. Menschen für Menschen eben.

Eine von jenen, die sich die Menschlichkeit auf ihr Banner geschrieben haben, ist in der Nachbarsiedlung des Schöpfwerks im 12. Wiener Gemeindebezirk zu Hause: Elfi Fichtl, schon einiges über 70, lebt hier seit einem halben Jahrhundert. Sie bemüht sich, wo immer es ihr möglich ist, um die Integration von Zuwanderern und kann sehr böse werden, wenn jemand über „die Ausländer" herzieht. Beispielsweise an einer Autobushaltestelle: Der Bus hat wieder einmal Verspätung. „Es sind ohnehin keine Leute da, es wohnt ja niemand hier", ertönt plötzlich eine Stimme. Als die danebenstehende Elfi Fichtl einwendet, dass hier in der Umgebung tausende Menschen zu Hause seien – in der Siedlung Am Schöpfwerk wohnen immerhin 8000 Leute aus 25 Nationen –, bekommt sie eine Antwort, die sie erschüttert: „Da gibt's ja nur Ausländer." Verständnis für solche Äußerungen kann Frau Fichtl nicht aufbringen.

In ihrer authentischen und leisen Art versucht Elfi Fichtl immer wieder, Menschen in ein Gespräch über Vorurteile gegenüber Zuwanderern zu verwickeln. Zuerst lauscht sie, was die Leute um sie herum reden. Und reagiert dann öfter so: „Ich hab Ihnen grad zugehört, als Sie sagten: ‚Na, die Türken' … Jetzt würde

Tales of Moral Conviction

To demonstrate possession of a Viennese heart of gold requires personal commitment and sometimes a due dash of moral conviction. Even though it sometimes may appear otherwise, it has fortunately not died out yet, as is evident again and again in everyday life.

Immigrants and refugees sometimes feel really up against it in Austria. When they arrive here, they often encounter a chill wind, and that is not meant meteorologically in the least. Home is a long way away, the future is uncertain, and the chilly reception they get comes across as particularly depressing. Fortunately, there are people who bring down this wall of rejection with their Viennese heart of gold – and there are more than a few of them. They do good and don't talk about it – sometimes from modesty, sometimes because they find it natural to keep what they do private. By people for people.

One of those who have adopted humanity as a watchword lives in an estate beside the Schöpfwerk housing complex in Vienna's 12th district. Elfi Fichtl is seventy-something, and has been living here for half a century. She makes an effort to help foreigners integrate wherever she can, and gets very annoyed when people badmouth them – at a bus stop, for example: The bus is late again. "There's no-one there anyway, no-one lives there," says a voice suddenly. When Elfi Fichtl standing alongside objects that thousands of people live around there – after all, the Schöpfwerk settlement is actually home to 8,000 people from 25 nations – she gets an answer that shakes her to the core: "They're only foreigners." Elfi Fichtl doesn't understand that sort of talk. In her authentic, quiet way, Elfi Fichtl keeps at it, trying to embroil people in conversations about prejudices against immigrants. First she listens to what people around her are saying. More often than not, she then reacts like this: "I was just listening to you when you said, 'Well, the Turks . . .' It'd really interest me to know what you mean by that." It generally doesn't take long before an animated discussion is underway about prejudices and other ways of looking at the topic. During one of these conversations years ago, Elfi Fichtl got to know a young Turkish woman at the bus station. The two families are still in contact. Mutual visits are paid, and they help each other, which is regarded by both sides as purely natural. What pleases Elfi the most is that the Turkish family call her "Oma" (Granny).

We spoke earlier about the various ways of looking at things. As far as it concerns people, there is only one way for Elfi Fichtl. "Where someone comes from doesn't matter, the main thing is he behaves decently." A creed that as many people as possible ought to adopt.

Displaying a Viennese heart of gold sometimes requires a due dash of moral courage. Even though it may sometimes appear to the contrary, it is fortunately not yet extinct. A woman wearing a headscarf and with a baby in a pushchair was travelling on a bus from Hernals to Währing. Suddenly a man rounded on her most unpleasantly, without provocation, simply because she was obviously a foreigner. In distinctly hostile terms, he finally told her to get off the bus. The woman was understandably shocked, and responded to him with the same vulgar word he had used for her. He turned violent, and seized her by the arm. At that moment, two other passengers intervened – they were

mich wirklich interessieren, wie Sie das meinen." Es dauert meist nicht lange, bis eine angeregte Diskussion über Vorurteile und andere Sichtweisen im Gange ist. Bei einem dieser Gespräche lernte Elfi Fichtl vor Jahren an einer Busstation eine junge türkische Frau kennen. Beide Familien haben noch heute Kontakt: Es gibt gegenseitige Besuche und man hilft einander, was von beiden Seiten für selbstverständlich erachtet wird. Was Elfi besonders gefällt: Sie wird von der türkischen Familie Oma genannt.

Wir haben zuvor die verschiedenen Sichtweisen ins Spiel gebracht – für Elfi Fichtl gibt es, was die Menschen betrifft, nur eine. „Woher jemand kommt, ist gleichgültig, die Hauptsache ist, er verhält sich menschlich." Ein Credo, das sich möglichst viele zu eigen machen sollten …

Ein Goldenes Wienerherz zu zeigen, erfordert manchmal eine gehörige Portion Zivilcourage. Auch wenn es bisweilen so scheinen mag: Sie ist glücklicherweise noch nicht ausgestorben. Da fuhr eine Frau mit Kopftuch und einem Baby im Kinderwagen mit dem Bus von Hernals nach Währing. Plötzlich beschimpfte sie ein Mann böse – ohne jeden Grund, einfach nur, weil sie offensichtlich Ausländerin ist. Mit unfreundlichen Worten forderte er sie schließlich auf, den Bus zu verlassen. Die Frau war verständlicherweise schockiert und verlieh dem Herrn denselben unfeinen Titel, mit dem er sie eben bedacht hatte. Er wurde tätlich, packte die Frau am Arm. In diesem Augenblick griffen zwei andere Fahrgäste ein – sie waren entsetzt über das Verhalten des Mannes und teilten ihm das in breitem Wiener Dialekt durchaus nachdrücklich mit. Der Busfahrer hatte inzwischen die Geschehnisse ebenfalls mitbekommen und komplimentierte den renitenten Fahrgast aus dem Bus. Es gibt sie eben doch noch, die Zivilcourage – und sie muss nicht beim Kopftuch aufhören …

Nicht immer sind es Einzelpersonen, die ihr Goldenes Wienerherz zeigen. Betrachten wir einmal das richtungweisende Projekt „Mama lernt Deutsch", das dazu beitragen soll, dass Frauen aus anderen Kulturkreisen unsere Sprache studieren. Hier ist eine ganze Schar engagierter Frauen am Werk, die weit über die vorgesehenen Unterrichtsstunden und ihre Bezahlung hinaus für die Teilnehmerinnen an den Kursen da sind.

Eine kleine Geschichte soll das illustrieren: Im Jahr 2006 kam eine sehr verschüchterte Frau in einen der Kurse. Mona konnte kein Wort Deutsch, war noch nie allein in Wien unterwegs gewesen und glaubte überhaupt nicht an sich und ihre Fähigkeiten. Sie lebte in finanziell prekären Verhältnissen, mit vier Kindern und ihrem arbeitslosen, spielsüchtigen Mann in einer kleinen, feuchten, von Schimmel befallenen Wohnung. Im Laufe der vier Jahre, in denen sie den Kurs

„Mama lernt Deutsch"-Kurse zur Integration von Immigrantinnen. The "Mummy is learning German" project helps to integrate immigrants.

horrified by the man's behaviour and expressly told him so in ripe Viennese dialect. The bus driver meantime had realized what was going on and ordered the refractory male passenger off the bus. So moral courage is still around – and doesn't have to stop at headscarves.

It is not always individuals who display Viennese hearts of gold. Let's take a look at the pioneering project "Mummy is learning German", which is meant to help women from other cultures learn German. This involves a whole host of committed women working for the participants on the course far beyond the planned teaching hours and the pay they receive.

Here is a brief story to illustrate that. In 2006, a very shy woman joined one of the courses. Mona could not speak a word of German, had never travelled by herself in the city, and had no faith in herself and her capabilities. She lived in financially precarious circumstances, with four children and her unemployed, gambling-addicted husband in a small, damp flat affected by mildew. Over the four years she attended the course, Mona worked hard to acquire not only proficiency in German but also familiarity with her new home of Vienna and above all a solid sense of self-respect.

Mona now lives in a larger apartment unaffected by mould, and knows her way around the city and to all the official offices and authorities. She has organised a course of therapy for her husband, and made it clear to him that his gambling has got to stop. Mona is devoted to her course teacher, but when she tries to thank her and say she could only do it with her help, the teacher says, "Nonsense, you were the one who did it."

A caring neighbour, the headmistress of the school where the 'Mummy is learning German' courses are held, and the course teacher themselves regard the positive development and Mona's ambition with delight and also a certain pride. They support Mona and her husband in job-hunting, and help her out in times of great financial pressure, for example at the beginning of term. Viennese hearts that really are gold.

Mona is only one of many women who at the outset don't find their feet in Vienna. 'Interface Vienna' helps them, promoting the social integration of children, young people and adults with an immigrant background. Birgit Leiminger works here and is happy with the visible successes: "The problem is that many women that come to us from Turkey, Arab countries, Afghanistan, Pakistan or Chechnya have no self-confidence. But they want to learn and in the end they get there. You only have to talk to these woman and they're there." So all 70 women who did a German course passed the exam, even though many of them were to start with virtually unable to write.

And then there is the Women's College, which enables women with an immigrant background to do a basic training course to integrate them into the labour market. Which the graduates are then rightly proud of – like the two cleaning women who wanted to become "something better". To achieve their ambitions, they swotted away at the College and passed easily. But after that, they returned to their jobs as cleaning women. Was all the study a waste of time? Not entirely, since they "felt better," as they said. Self-respect can work wonders.

Not only the students at the Women's College are committed – the teachers are, too. And their commitment continues after teaching is over. One of them (we shall call her Maria, since she does not wish to make her real name public) is not of Viennese descent, though her family is already the fifth generation to live in the city. Maria has never forgotten her roots. She knows that life is not always fair. That is one of the reasons why she is so committed to helping people

besuchte, erarbeitete sich Mona neben guten Deutschkenntnissen ein breites Wissen über ihre neue Heimatstadt Wien, vor allem aber ein solides Selbstwertgefühl.

Heute wohnt Mona in einer größeren, schimmelfreien Wohnung und meistert ihre Wege quer durch die Stadt, zu allen Ämtern und Behörden ganz allein. Für ihren Mann hat sie eine Therapie organisiert und ihm klargemacht, dass es mit seiner Spielsucht so nicht weitergehen kann. Mona fühlt sich mit ihrer Kursleiterin sehr verbunden. Wenn sie ihr dafür dankt, dass sie das alles nur mit ihrer Hilfe bewältigt habe, meint diese: „Das bist du, du hast es geschafft, alle diese Schritte zu gehen."

Eine engagierte Nachbarin, die Direktorin der Schule, in der die Frauen beim Kurs „Mama lernt Deutsch" die Schulbank drücken, und die Kursleiterin selbst beobachten die positive Entwicklung und den Ehrgeiz Monas mit Freude und auch einem gewissen Stolz. Sie unterstützen Mona und deren Mann weiterhin bei der Jobsuche und greifen ihnen in Zeiten großer finanzieller Belastungen, wie etwa am Schulanfang, unter die Arme. Wienerherzen, die wahrlich aus Gold sind!

Mona ist nur eine von vielen Frauen, die in der Donaumetropole anfangs oft nicht zurechtkommen. „Interface Wien" hilft diesen Menschen, fördert die gesellschaftliche Integration von Kindern, Jugendlichen und Erwachsenen mit Migrationshintergrund. Birgit Leiminger arbeitet hier und ist glücklich über die sichtbaren Erfolge: „Das Problem ist, dass sehr viele Frauen, die aus der Türkei, dem arabischen Raum, Afghanistan, Pakistan oder Tschetschenien zu uns kommen, sich nichts zutrauen. Aber sie wollen gerne etwas lernen und schaffen es letzten Endes dann auch. Man muss diese Frauen nur ansprechen, dann sind sie da." So haben alle 70 Frauen, die einen Deutschkurs absolvierten, die Prüfung bestanden, obwohl viele von ihnen am Anfang wenig geübt im Schreiben waren.

Und dann gibt es noch das „Frauen College", das Frauen mit Migrationshintergrund den Abschluss eines Basisbildungskurses zur Integration in den Arbeitsmarkt ermöglicht. Auf den die Absolventinnen dann mit Recht stolz sind. Wie jene beiden Putzfrauen, die „etwas Besseres" werden wollten. Zu diesem Zweck büffelten sie eifrig im College und schafften es „mit links", wie man so schön sagt. Danach kehrten sie aber in ihre Jobs als Putzfrauen zurück. War das Lernen vergeblich? Nicht ganz, denn nun „fühlen sie sich besser", wie sie sagten. Was Selbstwertgefühl so alles bewirken kann …

Nicht nur die Schülerinnen im Frauen College sind engagiert – die Lehrerinnen stehen ihnen um nichts nach. Denn ihr Engagement geht auch nach dem Ende der Unterrichtsstunden weiter. Eine von ihnen – nennen wir sie Maria, ihren richtigen Namen will sie der Öffentlichkeit nicht preisgeben – hat ihre Wurzeln nicht in Wien, die Familie lebt jedoch schon in der fünften Generation hier. Diese Wurzeln hat die heutige Wienerin nie vergessen. Maria weiß, dass nicht immer Gerechtigkeit das Leben bestimmt. Das ist einer der Gründe, warum sie sich so für die Menschen engagiert … und warum das Goldene Wienerherz, das sie sich redlich erworben hat, auf dem rechten Fleck sitzt.

Es sind vor allem Frauen, die zu dieser Lehrerin kommen – nicht bloß mit Problemen aus den Deutschkursen oder anderen Bildungsveranstaltungen. Maria wird oft kontaktiert, wenn die Frauen nicht mehr weiterwissen, aus einer prekären Situation keinen Ausweg sehen. Sie betrachten sie gewissermaßen als ihren rettenden Engel: „Wenn mir niemand mehr hilft, dann gehe ich zu ihr, die hilft mir sicher!" Ein schöneres Kompliment kann sich Maria wohl nicht wünschen.

Wir haben hier engagierte Frauen vor den Vorhang gebeten und sie ins Rampenlicht gestellt – das haben sie sich wahrlich verdient. Zuletzt wollen wir noch eine Geschichte über Jugendliche und ihre Lehrer erzählen, die ebenfalls Engagement für die Mitmenschen und ein Goldenes Wienerherz bewiesen. Die 7c-Klasse des Realgymnasiums Anton-Krieger-Gasse im 23. Wiener Gemeindebezirk hatte eine Sprachreise nach Kanada geplant. Zwei Wochen bei Gastfamilien in Toronto, ein paar schöne Ausflüge. Kein Wunder, dass die jungen Leute Feuer und Flamme waren. „Die Jugendlichen sollen sich durch diese Reise auch für die Welt öffnen", tönte es aus dem Mund eines Lehrers – und er hatte zweifellos recht damit. Nur: Nicht alle Eltern konnten die rund 1500 Euro aufbringen, die dieses Unternehmen kostete. Das hätte bedeutet, dass manche Schüler in fremden Klassen sitzen sollten, während ihre Freunde voll Begeisterung ein neues Land entdecken.

Eine solche Enttäuschung sollten die Mädel und Burschen nicht erleben, dagegen musste etwas unternommen werden. Und so wurde in einer wirklich nachahmenswerten Aktion mit dem Sammeln von Reisegeld begonnen. Elternverein, Lehrer und auch Bezirkspolitiker griffen in die Taschen – und es kam ein ansehnlicher Betrag zusammen. Wer würde angesichts solcher Hilfsbereitschaft die Existenz des Goldenen Wienerherzens leugnen wollen? Und da es auch in jungen Leuten schlägt, braucht uns um die Zukunft unserer Wienerstadt wohl nicht bange zu sein!

… and why the Viennese heart of gold that she has acquired honestly is sitting in the right place.

It is mainly women that come to her, but not just with problems from the German courses or other educational institutions. Maria is often contacted when the women can't see a way forward or a way out of a precarious situation. They regard her more or less as their saving angel: "If no-one can help me any more, I go to her, she will certainly help." Maria could not wish for a finer compliment.

We have invited a number of women of conviction to step forward here and take a bow, since they really deserve credit. Finally, we should like to tell a story about young people and their teachers who likewise showed commitment to caring for fellow human beings and demonstrated Viennese hearts of gold. Class 7C of Anton Krieger Gasse grammar school in Vienna's 23rd district had planned a language-learning trip to Canada – two weeks with host families in Toronto, plus a few nice excursions. No wonder that the young people were as keen as mustard. "Young people should get a knowledge of the world with the trip," as one teacher put it, and no doubt he was right. Except that not all the parents could afford the 1,500 euros it would cost for each pupil. That would have meant that many pupils would have had to sit in on other classes while their friends were enthusiastically discovering a new country.

The boys and girls should not experience such disappointment, so something needed to be done. They launched a campaign well worth copying, and started collecting travel money. Parents' association, teachers and even local politicians dug into their pockets, and a considerable amount was collected. In view of such readiness to help, who would want to deny the existence of the Viennese heart of gold? And since it also beats in young people, we need have no fear for the future in this city of Vienna.

Ausklang

Eine lange und hoffentlich abwechslungsreiche Wanderung, die wir durch das weite Land der Wiener Seele unternommen haben, ist nun zu Ende. Von Ambivalenz geprägt, lässt sich diese besondere, diese wienerische Ausprägung der menschlichen Seele manchmal nur schwer durchschauen. Wir haben versucht, in diesem Buch Wege aufzuzeigen, wie das Rätsel Wiener Seele – zumindest teilweise – zu lösen ist ... ganz wird uns das ohnehin nie gelingen. Wir haben überdies erfahren, dass das legendäre Wienerherz nicht immer nur golden glänzt, sondern auch tiefschwarze Flecken aufweisen kann – aber für einen Kenner des Wienertums ist das ohnehin kein Geheimnis. Wir wissen jetzt auch, dass wir den Wiener nicht verstehen, wenn wir ihn lediglich nach dem beurteilen, was wir aus seinem Mund hören. Er meint nämlich oft etwas ganz anderes, als er sagt. So sind Provokationen bisweilen Teil eines Rituals, das für Fremde nicht gleich erkennbar ist, und böse Worte müssen nicht böse gemeint sein. Auch der berühmte Wiener Schmäh kann vieles ausdrücken. Jemand, der mit der Stadt und ihren Menschen nicht vertraut ist, muss sich in diesem urwienerischen Labyrinth also erst einmal zurechtfinden!

Seele, Wienerherz, Schmäh, dazu die sprichwörtliche Gemütlichkeit, die Klischees, die der Bewohner der Donaumetropole nicht missen möchte, die Musik des Wieners und seine Dichtung, die Sehnsucht nach der Vergangenheit und die Skepsis allem Neuen gegenüber – das und noch sehr viel mehr prägt den Wiener und macht ihn zu einem unverwechselbaren Wesen. Generationen von Wissenschaftern, Denkern und Künstlern haben sich schon mit ihm auseinandergesetzt, haben versucht, aus ihm einen gläsernen Menschen zu machen – gelungen ist das noch keinem. Und das ist gut so. Denn jemand, bei dem wir bis auf den Grund seiner Seele zu blicken vermögen, kann kein echter Wiener sein ...

Epilogue

The long and (we hope) richly varied peregrination we have undertaken through the vast domain of the Viennese soul is now concluded. This peculiarly Viennese version of the human soul is sometimes rather difficult to see through in its innate ambivalence. We have attempted to reveal in this book ways in which the riddle of the Viennese soul may – at least in part – be solved, though we can never achieve that completely. We have also learnt that the legendary Viennese heart of gold does not always give off an immaculate golden sheen but may display pure black spots. But to connoisseurs of Vienna that is no secret anyway. We also know now that we cannot understand the Viennese if we judge them merely by the words that issue from their mouths, for they often mean something quite different from what they say. Provocative remarks for example may be part of a ritual that is not immediately discernible to the stranger, and nasty words may not be intended to be nasty. The celebrated Viennese *schmäh* may also express many different things. So anyone who is not familiar with the city and its people needs first of all to find his bearings in this archetypal Viennese labyrinth.

Soul, heart, *schmäh*, plus the proverbial *gemütlichkeit*, the stock images that inhabitants of the city would be lost without, Viennese music and literature, the nostalgia for the past and distrust of anything new – those and many other things have left their mark on the Viennese and defined their unmistakable character. Generations of writers, thinkers and artists have run their eye over these creatures, in an attempt to come up with a clear image of them. So far, no-one has succeeded. That's how it should be. Anyone whose soul we can see the depths of cannot be really Viennese.